Tanja Kohl

Blindenführhunde ausbilden

Erfahrungen und Tipps zum Aufbau einer Blindenführhundschule

Kynos Verlag

Widmung

Dieses Buch widmen wir unseren vier Hunden

Alina

Dolly

Kiwi

Umba

Am Remelsbach 30 · D-54570 Mürlenbach/Eifel
Telefon: 06594/653 · Telefax: 06594/452
Internet: http://www.kynos-verlag.de

Grafiken: Lilli Messina, www.spur-imnetz.de

Gesamtherstellung: SIA Printfinder, Riga, Lettland

ISBN 3-938071-03-6

INHALTSVERZEICHNIS

Vorwort

Die Arbeit eines Blindenführhundes ist faszinierend, der Beruf des Blindenführhundeausbilders erscheint vielen nicht minder erstrebenswert. Im vorliegenden Buch bringt Ihnen die Autorin Tanja Kohl sehr realitätsbezogen nah, was es alles dazu braucht, einen Blindenführhund auszubilden. Dabei scheut sie sich auch nicht vor klaren Worten, wenn es darum geht, realitätsfernes Wunschdenken zu entlarven oder Kritik zu üben.

Dabei stützt sie sich ausschließlich auf von ihr selbst gemachte Erfahrungen in all den Jahren, in denen sie und ihr Mann nun schon Blindenführhunde ausbilden. Sie zeigt, wie viel Zeit es braucht, bis ein Hund einen blinden Menschen sicher und zuverlässig führen kann. Eine erfolgreiche Ausbildung hängt aber nicht nur vom Hund und dessen Ausbildung alleine ab, sondern verschiedene Faktoren können über das Gelingen oder Scheitern eines zuverlässigen Blinden-Führhunde-Gespanns entscheiden. Tanja Kohl zeigt all diese Faktoren sehr differenziert und detailliert auf. Einem Blindenführhund bei seiner Arbeit – und es ist Arbeit! – zuzusehen, wie er ganz selbstverständlich Hindernissen ausweicht, ruhig an bellenden Hunden vorbeigeht, eine Ampel anzeigt oder einen Blinden sicher über eine verkehrsreiche Straße führt, ist faszinierend. Dahinter steckt viel Zeit und Arbeit von Menschen, die oft um ihren Job beneidet werden. Tagtäglich mit Hunden arbeiten, und das mit dem Ziel, einem Menschen zu helfen und sein Leben unabhängiger zu machen – das muss doch toll sein. Aber es bedeutet auch Arbeit bei jedem Wetter, sieben Tage die Woche, oft bis spät in die Nacht hinein. Auch dies zeigt Tanja Kohl sehr realistisch auf. Dazu braucht es Leidenschaft, Faszination für das Lebewesen Hund, Realismus, Idealismus. Und immer wieder müssen Hürden überwunden werden, Kosten gedeckt werden, an die ein Laie nie denken würde.

Ich gratuliere Tanja Kohl zu ihrem Mut, das vorliegende Buch geschrieben zu haben. Sie schreibt sehr kritisch, bemängelt Schwachstellen in den gesetzlichen Regelungen und der Bürokratie, aber auch in den Blindenführhundeschulen selbst. Sie beschreibt, welche Probleme auftreten können, sobald es um Kosten geht und wie schnell der Hund zur Neben-Sache wird. Zum Glück überwiegt trotz aller kritischen Töne aber zum guten Schluss doch die Faszination für einen Beruf, den es eigentlich gar nicht gibt. Denn was könnte schöner sein als den Moment zu erleben, in dem ein blinder Mensch feststellt, dass er sich im wahrsten Sinne des Wortes blind auf seinen Hund verlassen und mit ihm zusammen das Leben meistern kann.

Ich wünsche allen Lesern, die sich für den Beruf des Blindenführhundeausbilders entschieden haben, ebenso viel Kraft und Energie, Realitätssinn, Durchhaltewillen, Ideen und Idealismus, wie man es von der Autorin dieses Buches spürt.

Simone Colpi
Hundeschule Swiss Pro dog
www.colpi-dog.ch
huschu@colpi-dog.ch

SWISSPRODOG

Zwischen Wunsch und Realität ...

... klaffen, wie es so schön heißt, Welten. Blindenführhunde ausbilden, das erscheint vielen als Traumberuf schlechthin. Den ganzen Tag mit Hunden verbringen, mit ihnen arbeiten und damit auch noch seinen Lebensunterhalt verdienen – was könnte es Schöneres geben? Zumal man auch noch etwas wirklich Sinnvolles tut, nämlich einem sehbehinderten Menschen zu einem Stück mehr Lebensqualität verhelfen.

Doch ganz so einfach ist es nicht immer. Man gibt Hunde immer dann ab, wenn sie einem gerade ans Herz gewachsen sind. Man hat kaum noch freie Wochenenden und spät Feierabend. Nicht jeder Sehbehinderte, der einen Hund von Ihnen erhält, überschüttet Sie mit Dank. Sie müssen sich, wenn Sie eine eigene Blindenführhundschule gründen, zwar nicht mehr nach den Vorschriften eines Chefs richten, haben aber auch nicht mehr am Ende jeden Monats automatisch Ihr Gehalt auf dem Konto und müssen sich plötzlich um die Führung eines Betriebes mit all den damit verbundenen Formalitäten kümmern.

Wir haben das Experiment gewagt und es trotz aller Stolpersteine auf dem Weg nicht bereut. Wir möchten gerne unsere Erfahrungen an alle weitergeben, die damit liebäugeln, aus dem Hobby Hund einen Beruf zu machen und Ihnen dabei helfen, schon im Vorfeld realistisch abzuschätzen, ob dieser Wunsch in die Praxis umzusetzen ist und was dabei alles bedacht werden muss. Denn bedenken Sie vor allem eins: Es geht nicht nur um die Hunde oder Sie. Sehbehinderte Menschen, die von Ihnen Hilfe erwarten, haben Anspruch darauf, kompetent und zuvorkommend beraten und bedient zu werden. Auch oder gerade wenn es derzeit noch keine einheitlichen Ausbildungsrichtlinien, Prüfungen oder Qualitätsstandards im Blindenführhundwesen gibt. Das Leben eines Menschen könnte von Ihrer Arbeit abhängen!

Das Wichtigste im Überblick

Von der Anfrage eines Sehbehinderten bis zur Abgabe des Blindenführhundes sind viele Schritte zu bewältigen. Bei uns ist die Reihenfolge, kurz zusammengefasst, so: In der Regel meldet sich ein Sehbehinderter in unserer Blindenführhundschule und bittet um Übersendung von Informationsmaterial, anschließend wird ein persönlicher Beratungstermin mit ihm in unserer Blindenführhundschule vereinbart. Sollte sich der Sehbehinderte dann für unsere Blindenführhundschule entscheiden, übersenden wir ihm den Kostenvoranschlag und eine Leistungsbeschreibung. Der Sehbehinderte reicht nun den Kostenvoranschlag an seine Krankenkasse weiter, die ihm und der Blindenführhundschule nach einigen Wochen eine Kostenzusage übergibt. Nun erhält der Sehbehinderte von uns als Blindenführhundschule eine Ausbildungszusage und einen Zeitplan, wann er den Hund voraussichtlich erhalten wird. Danach wird ihm ein passender Hund vorgestellt. Dieser Hund stammt entweder aus der eigenen Zucht und wurde durch eine Patenfamilie großgezogen oder wurde einjährig von einem Züchter oder einer Privatfamilie angekauft. Falls dieser Hund dem Sehbehinderten nicht zusagt, werden bis zu zwei weitere Hunde vorgestellt. Hat er dann einen gefunden, der ihm sympathisch ist, erhält der Sehbehinderte eine Reservierungsbestätigung für diesen Hund und die Ausbildung zum Blindenführhund kann beginnen.

In der Ausbildungszeit des Hundes wird der Sehbehinderte mehrfach in die Schule eingeladen, um den Hund näher kennen zu lernen und eine Bindung zu ihm aufzubauen. Nach Abschluss der eigentlichen Ausbildung erhält der Sehbehinderte eine Einladung zur Einarbeitung, die zunächst am Ort der Blindenführhundschule und anschließend am Wohnort des Sehbehinderten stattfindet. Während der Einarbeitung unterzeichnet der Sehbehinderte eine Übernahmebestätigung, die zusammen mit allen weiteren Unterlagen (Ausbildungs- und Sozialisierungsbericht, Abstammungsnachweis und so weiter) an den Kostenträger zur Überweisung der zugesagten Kosten weitergeleitet wird.

Nach Abschluss des Einarbeitungslehrgangs erfolgt meist noch eine von einem externen Gutachter durchgeführte Gespannprüfung, in der die Zusammenarbeit des Sehbehinderten mit seinem Blindenführhund beurteilt wird. Nach bestandener Prüfung erstellt der Gutachter einen Prüfungsbericht, der an der Kostenträger und die Blindenführhundschule weitergeleitet wird.

Der Sehbehinderte hat bei eventuell später auftretenden Problemen mit seinem Blindenführhund die Möglichkeit, diese mit einem Training im Rahmen der zugesicherten Nachbetreuung durch die Blindenführhundschule anzugehen.

1 Aufbau einer Blindenführhundschule

Voraussetzungen

Um eine eigene Blindenführhundschule erfolgreich aufzubauen, sollte man bereits mehrere Blindenführhunde selbstständig ausgebildet haben. Eine Möglichkeit dazu ist die Anstellung in einer Blindenführhundschule, um dort die notwendigen Erfahrungen zu sammeln.

Ein rein theoretisches Wissen über das Verhalten von Hunden (beispielsweise durch ein tierpsychologisches Studium) oder ein zweiwöchiges Praktikum in einer Blindenführhundschule reichen nicht aus, um Blindenführhunde ausbilden zu können! Man sollte sich immer vor Augen halten, dass ein ausgebildeter Blindenführhund einen Sehbehinderten sicher durch alle Alltagssituationen führen muss und der Blindenführhundausbilder diesem Sehbehinderten gegenüber eine Verantwortung zu tragen hat. Dieser Verantwortung sollte man sich bewusst sein!

Außerdem sollte man sich vorher darüber informieren, wie viele Blindenführhundschulen es in der Nähe gibt. In diesem Zusammenhang waren und sind wir übrigens immer der Meinung, dass es nicht unbedingt darauf ankommt, wie viel Konkurrenz man hat, sondern wie die Qualität der Konkurrenz aussieht!

Gerade im Blindenführhundwesen ergeben sich viele Folgeaufträge durch Mundpropaganda unter den zufriedenen Führhundhaltern. Deshalb entscheidet letztendlich nur die Qualität der ausgebildeten Blindenführhunde über Erfolg und Misserfolg und damit die Zukunft einer Blindenführhundschule.

Praktikum und Ausbildung

Die beste Möglichkeit, um erste Erfahrungen in der Ausbildung von Blindenführhunden zu absolvieren, ist ein Praktikum in einer Blindenführhundschule. Um einen guten ersten Einblick in die Arbeit eines Blindenführhundausbilders zu bekommen, sollte es mindestens zwei Wochen dauern. Festigt sich in dieser Zeit der Wunsch, diesen Beruf zu ergreifen, sollte man die Praktikumszeit verlängern, um weitere Facetten der Arbeit ansehen und beurteilen zu können.

Viele unserer Praktikanten stellten aber innerhalb der ersten zwei Wochen bereits fest, dass Blindenführhundausbilder doch kein Traumberuf für sie ist. Auch das ist eine sehr wichtige Erkenntnis!

Praktikumsstellen werden leider nur von einigen wenigen Schulen angeboten. Auch wir selbst hatten damals Schwierigkeiten, einen Praktikumsplatz zu finden und mussten unzählige Absagen hinnehmen. Nicht aufgeben heißt hier die Devise! Wissen sollte man, dass viele Schulen eine Gebühr für das Praktikum erheben, um der hohen Nachfrage nach Praktikumsplätzen Herr zu werden. Aus eigenem Interesse ist jedem Praktikanten außerdem zu empfehlen, vor Antritt des Praktikums eine Haftpflicht- und Unfallversicherung abzuschließen.

Im Praktikum lernt man viele Seiten des Berufsbildes kennen, zu dem neben täglichen Spaziergängen mit allen Hunden, den Trainingseinheiten und dem Reinigen der Zwinger und Hundeboxen auch Tierarztbesuche und die Welpenprägung der selbst gezüchteten Hunde zählen. Dabei kann man gut in der Realität überprüfen, ob einem die viele Bewegung und die Arbeit an der frischen Luft auch wirklich zusagen.

Eine gute Blindenführhundschule wird Praktikanten aber nicht ausschließlich zum Reinigen der Zwinger anstellen (obwohl das natürlich dazugehört), sondern auch die Gelegenheit bieten, einmal einem Blinden-

Ein Praktikum bietet die beste Möglichkeit, um in den Beruf »Blindenführhundausbilder« hineinzuschnuppern.

führhundgespann – also dem Sehbehinderten und seinem Blindenführhund – bei der gemeinsamen Arbeit zuzusehen. Wenn man diese Arbeit zum ersten Mal aus der Nähe sieht, kann man wirklich eine Gänsehaut bekommen: Hund und Halter sind ein Team und bewältigen alle Alltagsaufgaben gemeinsam – jeden Tag von Neuem. Diesen ersten Eindruck vergisst man nie mehr in seinem Leben!

Nach Ende des Praktikums hat man vermutlich eine bessere Vorstellung davon, ob man diesen Beruf wirklich ergreifen möchte. Schon so manch einer hat es sich auch wieder anders überlegt, weil der Umgang mit den

Sehbehinderten doch mehr Geduld verlangte, als er dachte und das tägliche Reinigen der Zwinger von Hundekot doch nicht seinen Vorstellungen von einem Traumberuf entsprach ...

Ist es jedoch die Erfüllung und genau das, was man sich vorstellt, so möchten wir mit diesem Buch weitere Anregungen und Hilfestellungen geben, um den Traum Wirklichkeit werden zu lassen.

Wir erheben in diesem Buch nicht den Anspruch auf Vollständigkeit – vielmehr möchten wir auf die besondere Situation des Blindenführhundwesens hinweisen und Ihnen den ein oder anderen Einblick und Anregungen geben, die wir durch unsere Erfahrungen gesammelt haben.

Das Unternehmen

Einen guten Überblick über alles, was man vor einer Existenzgründung beachten sollte, bietet die vom Bundesministerium für Wirtschaft und Arbeit (BMWA) herausgegebene Broschüre »Starthilfe – Der Weg in die erfolgreiche Selbstständigkeit« (Stand Oktober 2004), aus der die nachfolgenden Informationen mit freundlicher Genehmigung entnommen sind.

Wählen Sie die richtige Rechtsform!

Wie viel Einfluss wollen Sie in Ihrem Unternehmen haben? Welches Haftungsrisiko wollen Sie auf sich nehmen? Entscheiden Sie, welche Form Ihre geschäftlichen, steuerlichen und rechtlichen Anforderungen erfüllt

Eine Rechtsform ist wie ein festes Gerüst für Ihr Unternehmen. Sie können zwischen verschiedenen Rechtsformen die passende auswählen. Je nach Wahl hat dies unterschiedliche rechtliche, steuerliche und finanzielle Folgen. Sie sollten daher auf jeden Fall Ihren Steuerberater und Anwalt in die Entscheidung mit einbeziehen. Darüber hinaus gibt es aber auch persönliche Gründe – für den einen Gründer mag das Image einer Rechtsform wichtig sein, für den anderen die mit der Rechtsform verbundenen Kosten. Klar ist: Es gibt weder die optimale Rechtsform noch die Rechtsform auf Dauer, denn mit der Entwicklung des Unternehmens ändern sich auch die Ansprüche an dessen Rechtsform.

Wer sich mit dem Thema Rechtsform beschäftigt, trifft immer wieder auf zwei Begriffe: »Personengesellschaft« und »Kapitalgesellschaft«. Zu den Personengesellschaften zählen Rechtsformen wie die Gesellschaft des bürgerlichen Rechts, Kommanditgesellschaft, offene Handelsgesellschaft, die Partnerschaftsgesellschaft oder auch die GmbH & Co. KG. Typisch für Personengesellschaften ist, dass die Gesellschafter für die Schulden des Unternehmens mit ihrem persönlichen Vermögen haften. Die Gesellschafter müssen kein Mindestkapital aufbringen und sind darüber hinaus nicht nur Inhaber, sondern auch Leiter ihres Unternehmens. Nach außen hin wird signalisiert: Die Personen, die das Unternehmen führen, stehen im Vordergrund.

Anders verhält es sich bei den Kapitalgesellschaften. Zu ihnen gehören die Gesellschaft mit beschränkter Haftung und die Aktiengesellschaft. Ihre Gesellschafter bzw. Aktionäre haften – mit Ausnahmen – nur in Höhe ihrer Einlage. Die Haftungsbeschränkung ist je nach Branche ein wichtiger Grund für die Wahl einer Kapitalgesellschaft als Rechtsform. Für größere Vorhaben spielt allerdings auch die notwendige Kapitalbeschaffung eine Rolle, die hier über Gesellschafter bzw. Aktionäre möglich ist, ohne dass diese aktiv an der Geschäftsführung beteiligt werden müssen.

Neben dieser groben Einteilung in Kapital- und Personengesellschaften beinhalten die verschiedenen Rechtsformen aber noch weitere Besonderheiten. Prüfen Sie, welche Kriterien Ihre Rechtsform erfüllen soll. [1)]

Denken Sie an die Risikovorsorge im Unternehmen!

Kümmern Sie sich um ausreichende und geeignete Versicherungen für Ihr Unternehmen. Unabdingbar erscheint uns eine Betriebshaftpflichtversicherung und eine Firmenrechtschutzversicherung. Lassen Sie sich beraten.

Denken Sie an Ihre persönliche Absicherung!

Für beruflich Selbstständige gibt es verschiedene Möglichkeiten für Alter, Krankheit und Todesfall vorzusorgen. Wichtig ist, die Entscheidung für geeignete Versicherungen und Maßnahmen nicht auf die lange Bank zu schieben.

Welche Finanzquellen stehen zur Verfügung?

Wie viel Geld haben Sie selbst zur Verfügung? Wer könnte Ihnen privat Geld leihen? Wer würde sich an Ihrem Unternehmen beteiligen? Prüfen Sie die Angebote der Kreditinstitute und die vielfältigen Förderprogramme des Bundes, der Bundesländer und auch der Europäischen Union.

Nachfolgend eine kleine Auswahl an Möglichkeiten:

Startgeld

Das Startgeld der KfW Mittelstandsbank deckt einen Finanzierungsbedarf von 50.000 Euro – unabhängig von der Branche, in der gegründet wird und unabhängig von der Art der Investitionen. Das Startgeld steht auch Gründerinnen und Gründern zur Verfügung, die zunächst im Nebenerwerb gründen. Ziel muss aber eine tragfähige Vollexistenz sein. Auch wer nicht über die erforderlichen banküblichen Sicherheiten verfügt, hat die Möglichkeit, das Startgeld zu erhalten, da die KfW Mittelstandsbank und der Europäische Investitionsfonds (EIF) 80 % des Haftungsrisikos für die Hausbank übernehmen. [2)]

Mikro-Darlehen

Darlehen der KfW Mittelstandsbank für Unternehmerinnen und Unterneh-

1) BMWA, »Starthilfe – Der Weg in die erfolgreiche Selbstständigkeit«, Okt. 2004, S. 39)
2) BMWA, Starthilfe, Seite 17

mer der gewerblichen Wirtschaft und der Freien Berufe (Heilberufe) sowie Selbstständige bis zu drei Jahre nach der Gründung. Eine Kombination mit anderen Förderprogrammen ist nicht möglich.

Eine Förderung ist auch dann möglich, wenn das geplante Unternehmen zunächst nur als Nebenerwerb geführt wird. Voraussetzung ist allerdings, dass es mittelfristig ein Vollerwerbsbetrieb wird. Es müssen bankübliche Sicherheiten bereitgestellt werden. Das Darlehen ist standardmäßig mit einer 80 %igen Haftungsfreistellung für die Hausbank ausgestattet. Der Höchstbetrag liegt bei 25.000 Euro. Die Laufzeit beträgt fünf Jahre, bei einem halben tilgungsfreien Jahr. [2)]

Öffentliche Hilfen

Arbeitnehmer, die durch Aufnahme einer selbstständigen Tätigkeit ihre Arbeitslosigkeit beenden oder vermeiden wollen bzw. in einer Arbeitsbeschaffungsmaßnahme oder Strukturanpassungsmaßnahme beschäftigt waren, müssen einen Anspruch auf Arbeitslosengeld oder Arbeitslosenhilfe haben, um öffentliche Hilfen von ihrer Agentur für Arbeit (Arbeitsamt) zu erhalten. Es kann zwischen zwei verschiedenen Leistungen gewählt werden:

Überbrückungsgeld

Arbeitslose, die sich selbstständig machen, können zur Sicherung des Lebensunterhaltes vom Arbeitsamt ein Überbrückungsgeld erhalten. Es wird für die Dauer von sechs Monaten gezahlt. Die Höhe entspricht dem zu erwartenden oder bisher bezogenen Arbeitslosengeld- bzw. der Arbeitslosenhilfe und den darauf entfallenden Sozialversicherungsbeiträgen. Voraussetzungen: Es muss eine fachkundige Stellungnahme, z. B. von Seiten der IHK oder HWK, zur finanziellen und wirtschaftlichen Tragfähigkeit des geplanten Unternehmens vorliegen. Bei Vorliegen aller Voraussetzungen hat der Antragsteller einen Rechtsanspruch auf Überbrückungsgeld. [3)]

Existenzgründungszuschuss (EXGZ bzw. »Ich-AG«)

Der Existenzgründungszuschuss für eine Ich-AG besteht in einer monatlichen Pauschale, die Sie nicht zurückzahlen müssen und die Ihnen maximal drei Jahre lang gezahlt wird. Die Höhe beträgt jeweils monatlich im ersten Jahr 600 Euro, im zweiten Jahr 360 Euro und im dritten Jahr 240 Euro.

Gründerinnen und Gründer müssen mit diesem Geld ihre Beitragszahlungen für die gesetzliche Rentenversicherung finanzieren. Darüber hinaus können Sie zu vergleichsweise günstigen Konditionen Mitglied in der gesetzlichen Kranken- und Pflegeversicherung bleiben. Die Kosten für den eigentlichen Lebensunterhalt müssen Sie vom ersten Tag an aus den Einkünften Ihres Unternehmens bestreiten.

[2)] BMWA, Starthilfe, Seite 17, [3)] BMWA, Starthilfe, Seite 19

Gefördert werden Gründerinnen und Gründer, die mindestens einen Tag z. B. Arbeitslosengeld, Arbeitslosenhilfe oder Kurzarbeitergeld bezogen haben oder die in einer Arbeitsbeschaffungsmaßnahme beschäftigt gewesen sind. Das Arbeitseinkommen (= Gewinn) der Ich-AG darf dabei insgesamt jährlich 25.000 Euro Gewinn nicht überschreiten. Auch dann nicht. wenn ein oder mehrere Mitarbeiter eingestellt werden.

Die Agentur für Arbeit führt eine Plausibilitätsprüfung anhand der eingereichten Unterlagen durch. Wenn erhebliche Zweifel daran bestehen, dass die hauptberufliche selbstständige Tätigkeit erfolgreich ausgeübt wird, wird der Zuschuss zunächst kürzer als ein Jahr bewilligt werden. Der Zuschuss kann weiterbewilligt werden, wenn nach Ablauf einer vereinbarten Frist Nachweise über die Geschäftstätigkeit (z. B. Einnahme-Überschussrechnung, Nachweis über erfolgte Akquisetätigkeiten, Kundenkontakte) vorgelegt werden.

Um möglichem Missbrauch vorzubeugen, wird künftig auch die Stellungnahme eines fachkundigen Dritten (z.B. IHK) zur Voraussetzung der Ich-AG gemacht. Dies und die jährliche Überprüfung der Anspruchserfordernisse tragen zur Qualitätssicherung bei und sorgen dafür, dass die Ich-AG nur »echten« Gründen offensteht. [4)]

Standortsuche

Ist die Entscheidung zum Aufbau einer eigenen Blindenführhundschule gefallen, folgt ein schwieriger Teil – die Suche nach einem geeigneten Haus mit Grundstück, falls noch nicht vorhanden. Die Größe des Grundstückes ist bei der Auswahl entscheidend, da man für das Aufstellen der Zwinger und für den Auslauf der Hunde genügend Platz benötigt. Die Größe des Geländes richtet sich nach der Anzahl der Hunde und danach, ob man ein Auslaufgelände mit einplant. Unser Gelände umfasst 1.500 m^2, wovon 1.000 m^2 als Auslauffläche dienen.

Idealerweise sollte das Haus in der Nähe eines Waldes oder Feldes liegen, damit man die Möglichkeit zum Spazierengehen hat (um sich unnötige Fahrten zu ersparen).

Die Suche gestaltet sich auch deshalb schwierig, weil entweder das passende Objekt zu teuer oder wegen der Wohnlage für die Haltung mehrerer Hunde ungeeignet ist. Bei der Suche nach einem Mietobjekt stößt man meist auf Ablehnung der Vermieter, da ihnen die Haltung von mehreren Hunden zu viel ist.

Darüber hinaus sollte man darauf achten, dass sich in der näheren Umgebung sowohl eine Kleinstadt als auch eine Großstadt befinden. Man sollte bedenken, dass man mehrmals täglich zum Training anfänglich in die Kleinstadt und bei fortgeschrittenem Trainingsstand in die Großstadt fahren muss. Um die Unterbringung des Sehbehinderten zu gewährleisten, sollte sich in der Nähe der Schule ein Hotel befinden.

4) BMWA, Starthilfe, Seite 19 f.

Nachdem unsere intensive Suche über ein dreiviertel Jahr andauerte, überkam uns die Angst, dass unser Traum nun an der Standortsuche scheitern könnte. Glücklicherweise erhielten wir kurzfristig die Chance, ein Haus mit einem Grundstück von über 2000 m^2 zu mieten.

Notwendige Investitionen

Nach Klärung der Standortfrage müssen einige Anschaffungen vorgenommen werden. Uns war damals klar, dass die notwendigen Investitionen sehr risikoreich waren, da der Erfolg unserer Blindenführhundschule keinesfalls garantiert war. Zu diesem Zeitpunkt wussten wir auch noch nicht, ob und wie viele Sehbehinderte einen Blindenführhund bei uns bestellen würden. Dieses Risiko sollte man bei den zu tätigenden Investitionen mitkalkulieren!

Rechnen Sie, wenn Sie alleine arbeiten, mit mindestens vier Hunden, die Sie pro Jahr ausbilden müssen, damit der Betrieb sich rechnet.

Zwingeranlage

Für die Unterkunft der Ausbildungshunde müssen ausreichend große Zwinger zur Verfügung stehen. Seit 1. September 2001 ist diese neue Verordnung über das Halten von Hunden bundesweit offiziell in Kraft getreten. Die alte »Verordnung über das Halten von Hunden im Freien« vom Juni 1974 ist damit nicht mehr gültig. Die gesetzlichen Vorgaben umfassen nach wie vor nur Mindestanforderungen.

In einem Zwinger muss

1. dem Hund entsprechend seiner Widerristhöhe folgende uneingeschränkt benutzbare Bodenfläche zur Verfügung stehen, wobei die Länge jeder Seite mindestens der doppelten Körperlänge des Hundes entsprechen muss und keine Seite kürzer als zwei Meter sein darf:

Widerristhöhe	Bodenfläche
bis 50 cm	mindestens 6 m^2
über 50 bis 65 cm	mindestens 8 m^2
über 65 cm	mindestens 10 m^2

2. für jeden weiteren in demselben Zwinger gehaltenen Hund sowie für jede Hündin mit Welpen zusätzlich die Hälfte der für einen Hund nach Nummer 1 vorgeschriebenen Bodenfläche zur Verfügung stehen,
3. die Höhe der Einfriedung so bemessen sein, dass der aufgerichtete Hund mit den Vorderpfoten die obere Begrenzung nicht erreicht.

Transportmittel

Um mehrere Hunde sicher transportieren zu können, benötigt man ferner ein geeignetes Hundeauto. Dieses wird für die Fahrt zum täglichen Training, beim Vorstellen des Hundes bei seinem zukünftigen Sehbehinderten oder für den Besuch des Tierarztes verwendet. Dafür besonders geeignet sind kleinere Lieferwagen, die man mit eigens für diese Fahrzeuge angepassten Hundeboxen ausstattet. Hundeboxen gibt es in verschiedenen Ausführungen (Plastik, Thermo etc.) und von verschiedenen Herstellern. Informationen erhält man dazu im Internet oder in Hundefachgeschäften.

Hundezubehör

Nach der Anschaffung einiger Hundeartikel wie Leinen, Halsbänder, Näpfe, Decken, Bürsten, Hundefutter, Führgeschirr und Kenndecke kann die Ausbildung losgehen. Die speziell für die Führhundausbildung notwendigen Utensilien (Führgeschirr, Kenndecke) kann man von verschiedenen Herstellern beziehen, Kataloge kann man über das Internet anfordern.

Anmeldungen und Genehmigungen

Wer einen eigenen Betrieb gründet, muss eine Reihe von Anmeldeformalitäten und gesetzlichen Vorschriften beachten.

Gewerbeanmeldung

Jeder Gewerbebetrieb (also jedes Unternehmen, das »auf Dauer auf Gewinnerzielung angelegt ist«) muss beim zuständigen Gewerbeamt (Bürgermeisteramt, Gemeinde) angemeldet werden. Notwendig sind hierzu ein Personalausweis bzw. Pass sowie eventuell besondere Genehmigungen und Nachweise (z. B. Handwerkskarte, Konzessionen usw.).

Mit der Gewerbeanmeldung werden in der Regel folgende Behörden automatisch über Sie informiert:

- das Finanzamt
- die Handwerkskammer (bei Handwerksberufen)
- die Berufsgenossenschaft
- die Industrie- und Handelskammer
- das Statistische Landesamt
- das Handelsregister (Amtsgericht)

Es ist trotzdem zu empfehlen, mit diesen Behörden selbst Kontakt aufzunehmen, um die Anmeldeformalitäten zu beschleunigen und auftauchende Fragen direkt klären zu können. [5)]

Handelsregister

Wenn es sich bei Ihrem Betrieb um eine Firma im Sinne des Handelsgesetzbuches (HGB) handelt, müssen Sie ihn beim zuständigen Amtsgericht in das Handelsregister eintragen und diese Eintragung von einem Notar beglaubigen lassen. [6)]

Finanzamt

Das Finanzamt teilt Ihnen eine Steuernummer zu. Auf einem Fragebogen

[5)] BMWA, Starthilfe, Seite 33, [6)] BMWA. Starthilfe, Seite 44 müssen Sie verschiedene Fragen zu künftigen Umsätzen und Gewinnen beantworten. Gehen Sie bei der Berechnung dieser Schätzwerte eher vorsichtig vor, da hiervon zunächst die Höhe Ihrer Einkommen- und Gewerbesteuer abhängt. Denken Sie vor allen Dingen daran, dass in der Anlaufphase die Kosten im Verhältnis zu den erzielten Umsatzerlösen überdurchschnittlich hoch sein können. Kalkulieren Sie bei Ihren Personalkosten auch die Lohnsteuer, die Sie regelmäßig an das Finanzamt abführen müssen, mit ein. [7)]

Berufsgenossenschaft

In einer Reihe von Berufsgenossenschaften sind Sie als Unternehmer/in ebenfalls pflichtversichert, in den anderen Fällen können Sie sich freiwillig versichern lassen. [8)]

Agentur für Arbeit

Die Agentur für Arbeit (Arbeitsamt) teilt Ihnen eine Betriebsnummer mit, wenn Sie Arbeitnehmer/innen beschäftigen und Ihren Betrieb dort anmelden. Die Betriebsnummer müssen Sie in die Versicherungsnachweise Ihrer Arbeitnehmer/innen eintragen.

Auch wenn Sie einen schon bestehenden Betrieb übernehmen, müssen Sie eine neue Betriebsnummer beantragen, da sie an den Inhaber eines jeden Betriebes gebunden ist.

Gleichzeitig erhalten Sie auch ein »Schlüsselverzeichnis« über die Art der versicherungspflichtigen Tätigkeiten, die Sie für die Anmeldung zur Berufsgenossenschaft benötigen. [9)]

Krankenkasse/Sozialversicherung

Informieren Sie auch die zuständige Krankenkasse/Ersatzkasse/Rentenversicherung über die bei Ihnen beschäftigten Arbeitnehmer. Auch von Ihrer Krankenkasse erhalten Sie dann eine Betriebsnummer. [10)]

Versorgungsunternehmen

Je nach Bedarf sollten Sie mit den zuständigen Versorgungsunternehmen (zum Beispiel Stadtwerke, Elektrizitätswerke usw.) Lieferverträge für Wasser, Strom, Gas usw. abschließen. Das gleiche gilt für die Entsorgung (zum Beispiel Abwasser und Müllbeseitigung). [11)]

Besondere Genehmigungen

<u>VDAK Zulassung</u>

Wie der Name schon sagt, ist der VDAK (Verband der Angestellten-Krankenkassen e.V.) ein Verband, dem verschiedene Angestellten-Krankenkassen angehören. Bei dem entsprechenden Landesverband des VDAK sollte bezüglich einer Zulassung angefragt werden. Eine Zulassung nach

[7), 8), 9), 10), 11)] BMWA, Starthilfe, Seite 44

§ 126 SGB V »zur Abgabe von Hilfsmitteln« durch den VDAK sollte auf jeden Fall beantragt werden. Jedoch scheint das Zulassungsverfahren von Bundesland zu Bundesland verschieden zu sein, es gibt zurzeit nur sehr wenige Genehmigungen. Gegenstand der Zulassung ist die Regelung der Einzelheiten über die Versorgung von Versicherten der Ersatzkassen mit Hilfsmitteln (Blindenführhund) im Rahmen des § 33 Abs. 1 SGB V durch den Leistungserbringer (Blindenführhundschule).

Veterinäramt

Beim örtlichen Veterinäramt sollte eine Erlaubnis für das gewerbsmäßige Züchten und Halten von Hunden beantragt werden. Hierzu benötigt man den Antrag auf Erteilung einer Erlaubnis nach § 11 Abs. 1 Tierschutzgesetz, welches man auf Anfrage vom Veterinäramt zugesandt bekommt.

Anzugeben sind die Betriebsstätte, Anzahl und Art der gehaltenen Tiere, verantwortliche Personen, und vieles mehr. Das Veterinäramt kann eine Genehmigung auch unter Auflagen erteilen. So ist zum Beispiel oftmals ein Tierbestandsbuch zu führen.

IK Nummer

Bei der Sammel- und Verteilungsstelle IK (SVI) der Arbeitsgemeinschaft Institutionskennzeichen muss für das Zahlungsverfahren der Kostenträger eine so genannte IK Nummer beantragt werden.

Weitere Informationen erhalten Sie bei der Arbeitsgemeinschaft Institutionskennzeichen (SVI), Alte Heerstr. 111, 53757 Sankt Augustin

Steuern

Als Selbstständige/r haben Sie es mit einer ganzen Reihe von Steuern zu tun:

Einkommensteuer (Ihrer bisherigen Lohnsteuer entsprechend)

Jeder Unternehmer zahlt Einkommensteuer. Diese richtet sich nach dem persönlichen Gewinn, den Sie (nach Abzug aller Betriebsausgaben) mit Ihrem Unternehmen erwirtschaften. Im ersten Jahr Ihrer Selbstständigkeit geht das Finanzamt dabei von Ihren Angaben über den erwarteten Gewinn aus. Von dem zu versteuernden Einkommen bleibt ein Grundfreibetrag (in 2004: 7.664 Euro pro Person) steuerfrei. Einkommen, das über dem Grundfreibetrag liegt, muss versteuert werden. Die Höhe des Steuersatzes hängt von der Höhe des Einkommens ab. Ein Einkommen von 55.007 Euro bzw. 110.015 Euro (Verheiratete) wird im Jahr 2004 mit einem Spitzensteuersatz von 45 % versteuert. Das Finanzamt legt jährlich eine bestimmte Summe fest, die Sie als Vorauszahlung vierteljährlich überweisen müssen. Die Steuererklärung für das gesamte Kalenderjahr wird im Folgejahr erstellt und die Steuerschuld mit den Vorauszahlungen verrechnet. Um die Startbedingung für Existenzgründer und Kleinunternehmen zu verbessern, wurden die Buchführungsgrenzen für den Umsatz von 260.000 Euro auf 350.000 Euro und für den Gewinn von 25.000 Euro auf 30.000 Euro angehoben. [12)]

Körperschaftsteuer
Die Körperschaftsteuer ist eine Art Einkommensteuer für juristische Personen, (zum Beispiel AG, GmbH, Genossenschaft). Sie wird auf nicht ausgeschüttete und ausgeschüttete Gewinne des Unternehmens erhoben. Die Gesellschafter müssen die an sie ausgeschütteten Gewinne dann im Rahmen ihrer Einkommensteuer zur Hälfte der Einkommensteuer unterwerfen. Der Steuersatz beträgt im Jahr 2004 25 % für einbehaltene und ausgeschüttete Gewinne. Auf die Ausschüttung wird grundsätzlich Kapitalertragsteuer mit einem Steuersatz von 20 % erhoben. Auch hier legt das Finanzamt jährlich eine bestimmte Summe fest, die als Vorauszahlung vierteljährlich überwiesen werden muss. [13)]

Lohnsteuer
Wenn Sie Mitarbeiter/innen beschäftigen, müssen Sie Lohnsteuer einbehalten und an das Finanzamt weiterleiten. [14)]

Gewerbesteuer
Gewerbesteuer muss jeder Gewerbebetrieb zahlen und zwar an die Städte und Gemeinden. Die Höhe der Gewerbesteuer ergibt sich aus dem Ertrag eines Gewerbebetriebes. Dieser Betrag wird dann noch multipliziert mit einem so genannten »Hebesatz«, der immer für eine bestimmte Gemeinde gilt. Natürlichen Personen und Personengesellschaften steht ein Steuerfreibetrag von 24.500 Euro zur Verfügung. Für Gewerbeerträge bis 72.500 Euro gelten ermäßigte Steuermesszahlen. Die Gewerbesteuer mindert als Betriebsausgabe den steuerlichen Gewinn des Gewerbebetriebs und beeinflusst damit auch die Höhe der Einkommen- bzw. Körperschaftsteuer. [15)]

Umsatzsteuer/Vorsteuer
Umsatzsteuer (Mehrwertsteuer) müssen Sie auf alle Rechnungsbeträge aufschlagen. Sie beträgt derzeit 16 %. Für eine Reihe von Erzeugnissen und Dienstleistungen (z. B. Lebensmittel, Bücher, Zeitschriften) sind dies 7 %. Die Summe der Umsatzsteuern, die Sie Ihren Kunden berechnet haben, müssen Sie regelmäßig an das Finanzamt abführen. Von diesem Betrag können Sie vorher die Umsatzsteuern (Vorsteuern) abziehen, die Sie wiederum im selben Zeitraum zum Beispiel an Ihre Lieferanten bezahlt haben. [16)]

Kirchensteuer
Selbstständige Angehörige der evangelischen oder katholischen Kirche müssen mit den Einkommensteuervorauszahlungen Kirchensteuer zahlen.

[12)] BMWA, Starthilfe, Seite 61, [13), 14), 15)] BMWA Seite 61, [16)] BMWA Seite 62

Die Höhe hängt von der Einkommensteuer und dem Kirchensteuersatz der einzelnen Bundesländer ab. [17)]

Wichtig: In der Regel zahlt ein junges Unternehmen in der Anfangsphase keine oder nur wenig Steuern, weil das Finanzamt die hohen finanziellen Belastungen in dieser Zeit anrechnet. Wenn aber Ihre Geschäfte dann gut laufen, kann es Ihnen passieren, dass das Finanzamt – im dritten oder vierten Jahr etwa – die Steuerforderungen drastisch erhöht. Und wenn dann zur gleichen Zeit zum Beispiel noch eine Nachzahlung ansteht, geraten Sie schnell in finanzielle Schwierigkeiten. Darum: Richten Sie sich auf derartige Finanzamtsforderungen ein! Legen Sie Ihre zu erwartenden Steuerzahlungen auf die hohe Kante! Beachten Sie dabei, dass Sie die Einkommen-, Körperschaft- und Gewerbesteuer vierteljährlich zahlen müssen!

Die Umsatzsteuer kann monatlich im Voraus angemeldet (bezahlt) werden. Sorgen Sie dafür, dass Sie – auch für diesen Steuerfall – zahlungsfähig (liquide) bleiben! [18)]

Werden Blindenführhunde überhaupt nachgefragt?

In Deutschland sind zurzeit rund vierzig Blindenführhundschulen tätig, die überwiegend privatwirtschaftlich organisiert sind. Laut statistischem Bundesamt betrug in 2001 die Zahl der Blinden und Sehbehinderten 353.816 Menschen in Deutschland. Davon waren 198.123 Menschen zu 100 % erblindet. Von diesen sind lediglich 14.845 Menschen, das sind 4,2 %, als geburtsblind einzustufen. Die Anzahl der Sehbehinderten und blinden Menschen in Deutschland steigt von Jahr zu Jahr stetig an. Dies ist auf eine längere Lebenserwartung durch unsere Gesundheitsversorgung zurückzuführen – mit der Begleiterscheinung, dass durch Erkrankungen im Alter die Sehbehinderungen zunehmen.

Die Anzahl der sich im Dienst befindenden Blindenführhunde wird statistisch nicht erfasst und ist uns somit nicht bekannt, aber es gibt nur sehr wenige ausgebildete Blindenführhunde in Bezug auf die Anzahl der Sehbehinderten. Tendenziell stellen wir fest, dass die Nachfrage nach Blindenführhunden stetig steigt und eine zeitnahe Versorgung – ohne längere Wartezeiten – immer schwieriger zu realisieren ist.

Kundenakquisition

Jetzt fehlt noch ein geeigneter Firmenname für Ihre Blindenführhundschule.

Wir kamen damals auf den Namen »Blickpunkt«, weil wir den Blick (die Augen) des Hundes für den Menschen in den Mittelpunkt rücken wollten. Nach Eröffnung unserer Schule beschlossen wir, einen Tag der offenen Tür durchzuführen, der Sehbehinderten, Mobilitätstrainern und Gespannprüfern die Möglichkeit geben sollte, uns und unsere Arbeit kennen zu lernen.

[17), 18)] BMWA, Starthilfe, Seite 62

(Mobilitätstrainer lehren die Sehbehinderten den Gebrauch des Blindenstockes, um damit von A nach B zu gelangen. Gespannprüfer prüfen die Zusammenarbeit zwischen dem Sehbehinderten und seinem Blindenführhund; sie sind quasi der TÜV für Blindenführhunde. Später dazu mehr!)

Für den Tag der offenen Tür bereiteten wir einige Vorträge vor, die sich unter anderem auch an die Sehbehinderten richteten. Die Sehbehinderten hatten von ihren Blindenverbänden oder Führhundhalterkreisen, die wir angeschrieben hatten, von unserer Veranstaltung erfahren. Die Liste aller Gespannprüfer (Mobilitätstrainer) kann man bei der Interessengemeinschaft qualitätsgeprüfter Blindenführhundschulen e.V. (www.ig-blindenfuehrhundschulen.de) anfordern.

Für die Bewirtung der Gäste hatten wir ebenfalls gesorgt, schließlich sollte es ein rundum gelungener Start werden. Die Besucherzahl von über sechzig Personen überwältigte uns! Da wir zu dieser Zeit gerade unseren ersten Labradorwurf mit sechs Welpen hatten, die nun im Alter von sieben Wochen waren, standen diese sofort im Mittelpunkt des Interesses. Die Besucher waren begeistert und einige der Sehbehinderten vereinbarten noch am gleichen Tag einen gesonderten Beratungstermin für die Ausbildung eines Blindenführhundes.

Weitere Möglichkeiten, Sehbehinderte auf sich aufmerksam zu machen, bestehen in Presseberichten in Rundfunk und Fernsehen, Vorträge bei Führhundhaltertreffen, Blindenverbänden oder Mundpropaganda durch zufriedene Kunden.

Arbeitszeiten

Die Arbeitszeiten als Blindenführhundtrainer sind in keinem Fall mit üblichen Arbeitszeiten vergleichbar. Sie erstrecken sich täglich von etwa 5.30 Uhr bis 19 Uhr, wobei manchmal noch abends Tierarztbesuche und um 22 Uhr die letzte Gassirunde der Ausbildungshunde angesetzt sind. Am Wochenende sind die Arbeitszeiten, bis auf das Training der Blindenführhunde, gleich. Darüber hinaus muss man noch einige schlaflose Nächte einrechnen, die sich durch kleinere Krankheiten der Hunde oder durch die Geburt von Welpen ergeben. Die Geburt von Welpen birgt natürlich auch das Risiko, dass etwas schief gehen kann. Dieses Risikos muss man sich bewusst sein, bevor etwa die Entscheidung für eine eigene Zucht fällt.

Für uns war die Geburt der ersten Welpen ein besonders schönes und beeindruckendes Erlebnis, das die Beziehung zu unserer Labradorhündin Umba entscheidend verändert und verstärkt hat. Bei uns konnten fünf der bisher insgesamt siebzehn Welpen erfolgreich zum Blindenführhund ausgebildet und abgegeben werden. Das ist ein sehr guter Durchschnitt, da man in der Regel davon ausgeht, dass sich nur wenige Welpen eines Wurfes für die Ausbildung eignen werden. Rechnen Sie im Zweifelsfall, wenn Sie an eigene Zucht denken, lieber mit einer geringeren Quote!

2 Grundlagen der Blindenführhundausbildung

Grundlagen, die der Hund mitbringen muss

Ein Hund, der zum Blindenführhund ausgebildet werden soll, muss einige Bedingungen erfüllen. Neben einer einwandfreien Gesundheit muss der angehende Blindenführhund auch ein einwandfreies Wesen mitbringen, das in einem speziellen Test (siehe unten) überprüft wird.

Zur Ausbildung zum Blindenführhund eignen sich erfahrungsgemäß besonders die Hunderassen Labrador Retriever, Deutscher Schäferhund (aus gesunden Linien stammend), Golden Retriever, Australian Shepherd, Großpudel, Hovawart, Airedale Terrier und Riesenschnauzer. Diese Rassen zeichnen sich durch ihren Arbeitswillen, Kooperationsfreudigkeit mit dem Menschen, eine gute Anpassungsfähigkeit und Auffassungsgabe aus. Trotzdem eignet sich natürlich nicht automatisch jeder Hund dieser Rassen zur Ausbildung zum Blindenführhund, immer sind im Einzelfall Wesen und gesundheitliche Eignung zu beurteilen! Andersherum kann es in Einzelfällen durchaus auch aus anderen Rassen Hunde geben oder sogar Mischlinge, die sich sehr gut als Blindenführhunde eignen. In letzter Zeit hat man auch zunehmend positive Erfahrungen mit einer Kreuzung aus Labrador und Großpudel gemacht (in den USA liebevoll »Labradoodle« aus »Labrador« und »Poodle« genannt).

Im Rahmen der Gesundheitsprüfung werden im Alter von zwölf Monaten die Hüftgelenke und Ellenbogen geröntgt, die unbedingt frei von der so genannten Dysplasie sein müssen. Von Dysplasie spricht man, wenn Gelenkkopf und Gelenkpfanne nicht optimal fest ineinander sitzen, also praktisch »Spiel« haben. Das ist an sich noch keine Erkrankung, kann aber später zu einer führen, weil die zu hohe Beweglichkeit des Gelenks bewirkt, dass die Knochenoberflächen gereizt werden und eine schmerzhafte Arthrose mit Bewegungseinschränkungen entsteht. Daneben werden Herz und Kreislauf des Hundes sowie die Blut- und Urinwerte überprüft, die im Norm-Bereich liegen müssen.

Auf die Gesundheitsprüfung folgt noch der Wesenstest, ein erster Vortest der Welpen wird vor Abgabe an die Patenfamilie durchgeführt.

Vor Beginn der eigentlichen Ausbildung wird dann nochmals ein ausführlicher Wesenstest durchgeführt, der sich über eine Eingewöhnungsphase von vier Wochen hinzieht. Der Hund wird dabei täglich mit anderen Situationen konfrontiert. Dazu zählt ein Test in der Stadt, bei dem unter

anderem festgestellt wird, ob der Hund Angst vor Verkehrs- oder sonstigem Lärm hat, ob er ängstlich oder gar aggressiv reagiert. Wenn sich der Hund neutral, freundlich und verkehrs- und umweltsicher verhält, kommt er als Ausbildungskandidat in Frage. Zeigt der Hund ängstliches oder aggressives Verhalten, wird er nicht ausgebildet. Dazu muss man natürlich zwischen unsicherem und ängstlichem Verhalten unterscheiden können und auch einschätzen können, ob der Hund die situationsbedingte Unsicherheit überwinden kann. Beispielsweise zeigt ein Hund situationsbedingte Unsicherheit in einem Glasaufzug, weil er dieser Situation noch nie ausgesetzt war. Legt sich diese Unsicherheit jedoch im Verlauf des vierwöchigen Tests durch Gewöhnung, ist dieser Hund durchaus für die Ausbildung geeignet. Gerade zur realistischen Einschätzung eines Hundes in diesem Wesenstest benötigt man eine ganze Menge an kynologischem Fachwissen, das man sich nicht in einem Wochenendseminar aneignen kann!

Als Gerüst für die Ausbildung eines Blindenführhundes dienen die »Qualitätskriterien für Blindenführhunde: Qualitätsstandards der Produktgruppe Einlagen«, vom 19. Mai 1993, veröffentlicht im Bundesanzeiger Nr. 117 vom 29.06.1993 Seite 5926 ff. (Anlage3).

Grundlagen der Blindenführhundausbildung

Wir können und wollen im Rahmen dieses Buches keine erschöpfende Anleitung zur Ausbildung eines Blindenführhundes geben. Man kann aus einem Buch allein ohnehin nicht lernen, wie man einen Hund ausbildet. Dazu gehören einfach Sehen, Nachmachen und sehr viel Praxiserfahrung mit verschiedenen Hunden, denn jeder Hund ist anders und Methode x mag bei dem einen prima funktionieren, während man bei dem anderen nach neuen Lösungsmöglichkeiten suchen muss. Im Folgenden sind deshalb nur die wichtigsten Schritte der Ausbildung vorgestellt, damit Sie sich ein Bild davon machen können, was die Ausbildung eines Blindenführhundes umfasst und was sie bedeutet. Missverstehen Sie die folgenden Seiten also bitte nicht als »Kochrezept zum Nachmachen!«

Wir gehen davon aus, dass Sie bereits über ein gutes Grundlagenwissen über Hundeausbildung im Allgemeinen verfügen, wenn Sie sich für den Beruf des Blindenführhundtrainers interessieren. Bilden Sie sich ständig weiter, lesen Sie Fachliteratur zu Hundeverhalten und Lerntheorien, besuchen Sie Seminare und sammeln Sie möglichst viele Erfahrungen mit verschiedenen Hunden, denn letzten Endes müssen Sie in der Lage sein, selbst zu entscheiden, wie Sie einem bestimmten Hund eine bestimmte Lektion beibringen.

Unterordnungs-Übungen

Unterordnungsübungen sind Gehorsamsübungen, die der Mensch vom Hund fordert. An der Ausführung dieser Übungen lässt sich erkennen, ob der Hund den Menschen als Rudelführer anerkennt. Zu den Unterordnungsübungen, die ein Blindenführhund beherrschen sollte, zählen:

- »Leinenführigkeit« (der Hund hat an lockerer Leine dem Hundeführer zu folgen und auch bei Ablenkung nicht an der Leine zu ziehen)
- »Fuß gehen« (an lockerer Leine auf Kniehöhe des Hundeführers mitlaufen)
- »Sitz« und »Sitz Bleib« (der Hund muss auch bei Ablenkung durch andere Menschen oder Tiere sitzen bleiben, bis ein neues Kommando folgt)
- »Platz« und »Platz Bleib« (der Hund muss auch bei Ablenkung durch andere Menschen oder Tiere liegen bleiben, bis ein neues Kommando folgt; dies gilt auch, wenn der Hundeführer außer Sicht ist)
- »Steh« und »Steh Bleib« (der Hund muss auch bei Ablenkung durch andere Menschen oder Tiere stehen bleiben, bis ein neues Kommando folgt; dieses Kommando ist insbesondere für das Anschirren des Hundes im Führgeschirr erforderlich)
- »Hier« (der Hund muss auch bei starker Ablenkung sofort herankommen und sich vor den Hundeführer setzen, dabei berührt der Hund mit der Nase die Hand des Hundeführers)

- »Fuß« (der Hund bewegt sich nach dem Vorsitzen um den Hundeführer herum auf dessen linke Seite und setzt sich)
- »Platz« auf Entfernung (der Hund hat sich während des Freilaufs auf einmaliges Kommando dort hinzulegen, wo er sich gerade befindet und liegen zu bleiben, bis ein neues Kommando erfolgt)
- »Freifolge« (der Hund hat das Kommando »Fuß« auch ohne Leine und bei Ablenkung korrekt zu befolgen und dabei an der linken Seite des Hundeführers auf Kniehöhe mitzulaufen)

Es gibt viele Methoden, einem Hund die oben genannten Unterordnungsübungen beizubringen. Wir persönlich haben mit der Kombination aus Motivation und Absicherung der Übung durch Zwang die besten Erfahrungen gemacht.

Das bedeutet: Zunächst motivieren wir den Hund mit Futter oder Spielzeug (je nachdem, was er lieber mag), eine bestimmte Haltung einzunehmen oder ein Verhalten auszuführen, beispielsweise sich auf das Kommando »Platz« hinzulegen.

Wenn der Hund die Übung wirklich verstanden hat, das heißt, wenn er sich auf das Kommando »Platz« sofort hinlegt, erfolgt gegebenenfalls die Absicherung durch Zwang: Falls der Hund das Kommando beim nächsten Mal nicht sofort befolgt, erhält er einen kurzen, schnellen Leinenruck Richtung Boden. Achtung – dazu muss man sicher wissen, ob der Hund die Übung zuvor auch wirklich verstanden hat, sonst verunsichert man ihn! Gegebenfalls muss der Übungsaufbau über Motivation nochmals in kleinere Schritte zerlegt werden, bis der Hund weiß, was man von ihm will. Wenn der Leinenruck zum Einsatz kommt, ist ganz entscheidend, dass der Hundeführer sofort danach die Leine wieder locker lässt und den Hund lobt!

Wichtig bei allen Unterordnungsübungen ist, dass man zu Beginn ganz ohne Ablenkung übt, das heißt entweder im Haus oder im Garten. Erst wenn der Hund die Übungen korrekt ausführt, kann man langsam die Ablenkung steigern. Dabei geht man zuerst in den Park, dann in ein Wohngebiet und danach in die Stadt. Auch der Zeitraum, wie lange der Hund die Übung ausführen muss, wird von Anfang an ganz langsam vergrößert. Man beginnt mit einigen Sekunden und erhöht den Zeitraum dann bis zu einer Stunde (beispielsweise bei dem Kommando »Platz Bleib«). Am Ende der Ausbildung sollte der Hund alle Unterordnungsübungen in der Stadt ausführen können.

Führarbeit im Führgeschirr

Damit ein Blindenführhund seinen Sehbehinderten führen kann, wird ihm vor Arbeitsbeginn ein Führgeschirr angelegt. So kann der Sehbehinderte die Bewegungen des Hundes nachvollziehen und mit ihm mitlaufen. Zuerst muss der Hund lernen, im Führgeschirr geradeaus zu gehen, sein Geschäft

nicht im Führbügel zu erledigen und nicht abzubiegen. Diesen Lernschritt beginnt man am besten auf einem asphaltierten Waldweg.

Nachdem man den Hund zunächst mit Leckerbissen an das Anziehen des Führbügels gewöhnt hat, folgt der zweite Lernschritt: Der Hund soll nun auf das Kommando »voran« losgehen.

Da der Hund dieses Hörzeichen noch gar nicht kennt, gehen wir so vor: Der Hund sitzt an der linken Seite. Nachdem man ihm den Bügel im Stehen übergestreift und geschlossen hat, stellt man sich ruhig neben ihn, fasst den Bügel mit der Hand und zieht ihn leicht nach hinten. Der Druck auf der Brust bewirkt beim Hund das Aufbauen eines Gegendrucks – er möchte dem Druck nach vorn ausweichen und geht los. Dem gibt man sofort nach und läuft mit.

Sobald der Hund den ersten Schritt nach vorne macht, wird er mit »Fein voran« gelobt. Wenn er nun ein kurzes Stück des Weges ohne Schnüffeln gelaufen ist, sagen wir »Stopp« und bleiben stehen. Der Hund wird dann im Stehen gelobt und bekommt ein paar Leckerbissen. Dann wird das Führgeschirr geöffnet und dem Hund über den Kopf gestreift. Der erste Schritt, aus diesem Hund einen Blindenführhund zu machen, ist getan. Die Lerneinheit ist in diesem Bereich für diesen Tag beendet und der Hund hat eine Pause verdient, damit er das Gelernte verarbeiten kann. Man muss übrigens keine Angst haben, dass man dem Hund gleichzeitig das Ziehen an der Leine wieder antrainiert oder dass er das Gelernte »an der Leine darf ich nicht ziehen« auch auf das Führgeschirr überträgt. Der Hund kann sehr gut zwischen Halsband und Leine (Druck am Hals) und Führgeschirr (Druck auf der Brust) unterscheiden!

Falls der Hund beim ersten Versuch dem Druck des Führbügels doch nach hinten auszuweichen versucht, also rückwärts gehen möchte, hält man den Führbügel so fest, dass der Hund nicht nach hinten wegtreten kann und motiviert ihn gleichzeitig mit der Stimme zum Losgehen nach vorne. Der erste Schritt wird sofort wieder gelobt. Das gleiche Prinzip gilt auch, wenn der Hund sich hinsetzen möchte anstatt voranzugehen.

Im Laufe der ersten Wochen wird das Gelernte gefestigt: Auf »voran« losgehen, auf »stopp« stehen bleiben, geradeaus laufen, sich nicht entleeren und in keinen Nebenweg abbiegen. Wie viele Wiederholungen nötig sind, hängt vom jeweiligen Hund ab. In der Regel benötigt ein Hund drei Wochen täglichen Trainings, damit das bisher Gelernte auf dem Waldweg gefestigt wird.

Dabei wird ebenfalls die Ablenkung langsam gesteigert, das heißt, dass man zuerst auf dem Waldweg, dann im Gewerbegebiet, im Wohngebiet und schließlich in der Stadt trainiert. Beim Wechsel des Gebietes kommt es häufig vor, dass der Hund beim ersten Führgang nochmals korrigiert werden muss, weil er abermals versucht zu schnüffeln und/oder abzubiegen.

Bordsteine anzeigen

Als Nächstes muss der Hund lernen, Bordsteine anzuzeigen, und zwar so, dass er den ersten Bordstein durch Stehenbleiben an der Bordsteinkante und den zweiten Bordstein (nach Überqueren einer Straße) durch Aufstellen der Vorderpfoten auf den Bordstein anzeigt. Das Anzeigen der Bordsteine lernt der Hund durch tägliche Wiederholung während der gesamten sechs- bis neunmonatigen Trainingszeit. Wir machen uns diese Arbeit leichter, indem wir den Pateneltern unserer Welpen zeigen, wie sie bereits mit dem Junghund das gewohnheitsmäßige Stehenbleiben am Bordstein üben können.

In der ersten Trainingslektion geht man nun mit dem Hund auf einen Bordstein zu und, falls er einfach den Bordstein überlaufen will, zieht man ihn im Führgeschirr nach oben, bis die Vorderpfoten des Hundes vom Boden abheben. Nach kurzer Zeit stellt man den Hund dann zurück auf den Boden – und zwar auf die obere Bordsteinkante – und lobt ihn verbal mit »Fein Bord«. Danach ist für diesen Tag die Übung beendet.

Sollte der Hund am nächsten Tag den Bordstein wieder überlaufen, wird die gleiche Einwirkung vorgenommen. Damit ist die Übung für diesen Tag wieder beendet. Keine Übung wird zwei Mal am Tag ausgeführt! Die Übung wird dann täglich wiederholt, bis der Hund von sich aus am Bordstein stehen bleibt.

Nachdem er das Anzeigen des Bordsteins verstanden hat, muss er noch lernen, wie er nach einer Straßenüberquerung den zweiten Bordstein anzuzeigen hat. Dazu wird der Hund nach der Straßenüberquerung mittels kurzem Ruck im Führgeschirr dazu gebracht, an der anderen Seite nach Aufstellen seiner Vorderpfoten auf dem Bordstein stehen zu bleiben.

Richtungsänderung

Die nächste wichtige Übung ist die Richtungsänderung. Der Hund muss auf das Kommando »rechts« nach rechts und auf das Kommando »links« nach links gehen sowie auf das Kommando »kehrt« eine Kehrtwendung um 180 Grad vollziehen können.

Diese Übung bedarf sehr vieler Wiederholungen, damit die Richtungsänderungen nachher im Alltag sicher ausgeführt werden. Zuerst wird die Übung ohne Ablenkung an einem ruhigen Ort durchgeführt. Der Hund sitzt angeleint in Grundposition an der linken Seite des Hundeführers. Nun wird er mittels Spielzeug oder Leckerli (je nachdem, worauf er besser anspricht) dazu gebracht, eine Richtungsänderung nach rechts durchzuführen, und zwar, indem man ihm das Spielzeug oder Leckerli vor die Nase hält und selbst eine Vierteldrehung nach rechts ausführt. Der Hund folgt der Motivation (dem Spielzeug oder Futter) und dreht sich nach rechts.

Noch in dieser Richtungsänderung gibt man dem Hund das Kommando »rechts«. Sobald der Hund die Richtungsänderung nach rechts mitgeht, lobt man ihn.

Die gleiche Übung wiederholt man nach links und mit der Kehrtwendung (das heißt, dass man die entgegengesetzte Richtung einschlägt). Durch die tägliche Wiederholung der Übungen zuerst ohne, dann mit steigender Ablenkung, lernt der Hund, diese Kommandos sicher auszuführen.

Wenn der Hund die Kommandos beherrscht, werden diese in die tägliche Führarbeit im Führgeschirr mit eingebaut, zum Beispiel, wenn man in die nächste Seitenstraße rechts einbiegen will. Dann muss man dem Hund das Kommando »rechts such Weg« oder »rechts voran« geben – sobald er die Möglichkeit sieht, rechts weiterzugehen, wird er diesen Weg einschlagen. Ohne zusätzliches Kommando muss der Hund immer ohne abzubiegen dem Wegverlauf folgen!

Ablenkungen

Eine sehr wichtige Übung, um aus einem Hund einen Blindenführhund zu machen, ist das Ignorieren der Artgenossen und anderer Tiere sowie jeglicher Menschen, wenn er im Führgeschirr seiner Arbeit nachgeht.

Um ihm dies begreiflich zu machen, geht man mit dem angeleinten Hund auf einem Waldweg und lässt einen anderen Trainer mit Hund entgegen kommen. Sollte der auszubildende Hund nun in die Richtung des anderen Hundes ziehen, bekommt er mittels der Leine einen kurzen, starken Ruck (ohne jegliches Kommando). Auch hier ist wieder die Technik entscheidend! Ein richtig ausgeführter Leinenruck macht den Hund auf den Hundeführer aufmerksam und bewirkt, dass er sich bei der nächsten Begegnung vom anderen Hund abwendet und Meideverhalten zeigt – das bedeutet für den Hund: Sehe ich den anderen Hund nicht (weil ich wegsehe), dann will ich auch nicht zu dem Hund hin und werde auch nicht korrigiert, sondern gelobt! So festigt sich durch viele Wiederholungen das gewünschte Verhalten. Sollte der Hund nicht zu dem anderen Hund hinziehen, wird er verbal gelobt und die Übung ist für heute beendet.

Bei Hunden, die in von uns betreuten Patenfamilien aufgewachsen sind, haben wir mit dem Problem des Hinziehens zu anderen Hunden selten zu kämpfen, weil sie als Welpen schon auf positive Art gelernt haben, auf ihre Führperson zu achten anstatt auf andere Hunde.

Anders sieht es oft bei Hunden aus, die wir einjährig von Züchtern oder von privat angekauft haben – sie sind häufig unerzogen, ziehen an der Leine und möchten zu anderen Hunden hin. Achtung: Dieses Hinziehen ist nicht mit Aggression gegen andere Hunde zu verwechseln! Reagiert ein Hund an der Leine wirklich aggressiv gegen andere Hunde, kommt er für eine weitere Ausbildung nicht in Frage!

Nach der Einwirkung mit der Leine wiederholt man die Begegnung so oft, bis der Blindenführhund den anderen Hund ignoriert. Damit ist die Übung beendet.

Wenn der Hund an der Leine nicht mehr auf andere Hunde reagiert, wird die gleiche Übung mit dem Führbügel wiederholt. Falls er in die Richtung des Artgenossen zieht, erfolgt mittels Führbügel eine Stopp-Einwirkung (Bügel nach vorne stoßen und gleichzeitig die Leine nach hinten ziehen). Diese Einwirkung ist unangenehm für ihn und wird nicht mit dem Hundeführer, sondern mit dem Führbügel verknüpft. Nach der Einwirkung geht man an der Leine ein Stück weiter, dreht um und geht dem anderen Hund nochmals im Führbügel entgegen. Wenn die Einwirkung mit dem Führbügel richtig war, wird der Blindenführhund nun an dem anderen Hund vorbeiführen, ohne zu ihm hinzuziehen.

Sehr wichtig ist, dass die Stärke der Einwirkung immer dem Wesen des jeweiligen Hundes angepasst sein muss, damit er einerseits die Übung ernst nimmt, andererseits aber nicht eingeschüchtert wird. Es richtig zu machen, bedarf jahrelanger Erfahrung und eines sehr guten Timings, damit der Hund das Unangenehme nicht mit dem Menschen verknüpft. Es muss also sehr schnell und für den Hund unerwartet ausgeführt werden. Dabei darf man den Hund nicht anschauen und muss unbedingt ruhig und sachlich bleiben.

Die Übung wird im Laufe der Ausbildung wiederholt, wobei die Korrektur auf die gleiche Weise erfolgt, wenn der Hund beim Training auf der Straße zu einem anderen Hund hinziehen will. Funktioniert die Übung mit anderen Hunden, führt man sie mit Katzen und Pferden durch. Auch hier muss der Blindenführhund ignorierend seinen Weg fortsetzen. Danach wird die Übung mit Menschen durchgeführt (Spaziergänger, Jogger, kreischende Kinder, Kinderwagen und so weiter), an denen der Blindenführhund vorbeiführen soll, ohne sie zu begrüßen, belästigen oder in ihre Richtung zu ziehen.

Arbeiten in fremder Umgebung

Ist der Blindenführhund in der Lage, auf einem Waldweg ruhig geradeaus zu führen, ohne abzubiegen, zu schnuppern oder zu urinieren, wird die Ablenkung bei der Führarbeit gesteigert. Man setzt zunächst die Führarbeit im Gewerbegebiet fort; meistert der Hund auch dort seine Aufgabe, wird in ein ruhiges Wohngebiet und danach in die Stadt gewechselt. Arbeitet der Hund das erste Mal in einem neuen Gebiet, kommt es oft vor, dass er erneut versucht zu schnuppern oder in einen Weg abzubiegen. Wichtig hierbei ist, das man sehr konsequent immer in der gleichen Weise mit dem Führgeschirr einwirkt, damit der Hund die richtige Verknüpfung (Arbeit im Führgeschirr = nicht schnuppern, urinieren oder den Weg verlassen) herstellt.

Mit steigender Ablenkung muss nun auch bei jedem Überlaufen eines Bordsteins die gleiche Einwirkung wie beim Erlernen der Übung erfolgen. Nur dann verknüpft der Hund das Anzeigen der Bordsteine sicher und bleibt am Ende der Ausbildung sicher an jedem Bordstein (auch an abgeflachten) stehen.

Seiten-, Boden- und Höhenhindernisse

Die nächste Übung ist das Anzeigen und Umgehen von Seiten-, Boden- und Höhenhindernissen. Dies ist eine der wichtigsten Lektionen, da hier die Verletzungsgefahr für den Sehbehinderten am größten ist. Zuerst beginnt man mit den Seitenhindernissen. Dies können Aufsteller, Obstständer, Bücherständer, Blumenkübel und ähnliches sein, im Prinzip alles, was seitlich im Weg stehen kann. Um dem Hund die Übung beizubringen, geht man in ein ruhiges Gewerbegebiet ohne Ablenkung durch Tiere oder Menschen und sucht nach einem Seitenhindernis. Der Blindenführhund wird etwa fünfzig Meter vor dem Seitenhindernis ins Führgeschirr genommen und vorangeschickt. Wenn er nun zu eng daran vorbeigeht, stößt man absichtlich mit dem Fuß gegen das Hindernis oder stolpert und fällt mitsamt dem Hund zu Boden. Danach ist diese Übung für heute beendet. Am nächsten Tag wird die Übung wiederholt. Geht der Hund nun so vorsichtig vorbei, dass man gut am Hindernis vorbeikommt, wird er verbal gelobt, das Führgeschirr ausgezogen und die Arbeit ist für heute beendet.

Die gleiche Übung macht man auch mit Bodenhindernissen wie Brettern, Flaschen, Stangen, aufstehenden Gullideckeln und so weiter. Achten Sie darauf, alle Hindernisse von beiden Seiten zu üben, so dass der Hund einmal rechts und einmal links am Hindernis vorbeiführen muss.

Der Unterschied zu den Seitenhindernissen besteht darin, dass der Hund die Bodenhindernisse durch Stehenbleiben vor dem Hindernis anzuzeigen hat und dann je nach Möglichkeit auf Kommando »Führ vorbei« oder »Such Weg« um das Hindernis herumführen sollte. Dabei kann er (wenn es die Verkehrssituation zulässt) auch den Bordstein verlassen, um an dem Hindernis vorbeizuführen, danach direkt den Bordstein wieder aufsuchen und dann auf dem eingeschlagenen Weg weiter führen.

Der Hund lernt dieses Vorbeiführen, indem man ihm den Weg einmal zeigt. Das heißt, wenn der Hund vor dem Bodenhindernis stehen geblieben ist, gibt man das Kommando »Führ vorbei« oder »Such Weg« und hilft dem Hund mittels Bügelbewegung Richtung Bordstein auf der Straße dicht am Hindernis vorbei und durch Bügelbewegung Richtung Bordstein wieder auf den Bürgersteig hinauf zu laufen, wobei der Hund verbal gelobt wird. Durch ständige Wiederholung lernt der Hund die Bedeutung des Vorbeiführens und benötigt nachher keinerlei Bügelhilfen mehr, um das Kommando sicher auszuführen.

Bei Höhenhindernissen wie zum Beispiel LKW-Spiegeln, Fahnen, herausstehenden Ästen, Verkehrsschildern und so weiter wird genauso vorgegangen wie bei den anderen Hindernissen. Das Höhenhindernis sollte bei der ersten Übung höchstens einen Meter vom Boden entfernt sein; bei weiteren Übungen wird die Entfernung dann langsam bis auf zwei Meter gesteigert. Höhenhindernisse anzuzeigen ist die schwerste Übung für einen Blindenführhund, da sein Gesichtsfeld diese Höhe nicht wahrnimmt und er seine ganze Aufmerksamkeit nach oben richten muss, um solche Hindernisse wahrnehmen zu können. Daher sind sehr viele Wiederholungen und ständiges Üben auch bei den Führgängen unerlässlich. Das Höhenhindernis wird ebenfalls durch Anhalten des Hundes angezeigt und auf das Kommando »Führ vorbei« oder »Such Weg« umgangen. Erst wenn der Blindenführhund alle Hindernisarten immer sicher anzeigt, kann die Führarbeit mit dem Training in der Stadt fortgesetzt werden.

Intelligente Gehorsamsverweigerung

Diese Glanzleistung der Blindenführhunde kann erst erbracht werden, wenn sich Vertrauen und Bindung zum Hundeführer aufgebaut haben. Die intelligente Gehorsamsverweigerung greift zum Beispiel dann, wenn ein Hund auf Kommando »passieren« die Straße überqueren soll, obwohl gerade ein Fahrzeug naht. Der ausgebildete Blindenführhund wird das Kommando solange verweigern, bis die Straße frei ist und sie erst dann überqueren. Das gleiche gilt, wenn der Sehbehinderte auf einen Abgrund zugeht und den Hund auffordert, weiterzugehen. Der Hund wird sicher verweigern und hartnäckig stehen bleiben (auch wenn der Sehbehinderte den Bügel vorschiebt). Meistens schlägt der Hund bereits beim Anblick eines Abgrundes einen anderen Weg ein oder stellt sich vor dem Abgrund schräg vor seinen Sehbehinderten, um diesen vorm Absturz zu bewahren oder dreht von alleine vor dem Abgrund ab.

Der Versuch, einem Hund intelligente Gehorsamsverweigerung vor der Straßenüberquerung beizubringen, darf natürlich erst begonnen werden, wenn das Kommando »passieren« hundertprozentig verstanden wurde, weil man den Hund sonst sehr verwirrt und bisherige Trainingserfolge in Frage stellt. Dass der Blindenführhund immer dann stehen bleibt, wenn sich Verkehr nähert, wird folgendermaßen geübt: Der Hund steht am Bordstein und erhält, während sich ein Fahrzeug nähert, das Kommando zum Passieren der Straße. Beim ersten Mal will der Hund dem Kommando Folge leisten, erhält jedoch, nachdem er die erste Pfote auf die Straße gesetzt hat, eine sehr starke Stopp-Einwirkung.

Nach etlichen Wiederholungen dieser Übung wird der Hund die Straße nur noch betreten, wenn kein Verkehr kommt (was natürlich verbal belobigt wird). Da diese Übung für den Sehbehinderten unter Umständen lebensrettend sein kann, wird diese solange wiederholt, bis der Hund sicher das Kommando verweigert, wenn sich Verkehr (auch Radfahrer) nähert und nur das Kommando befolgt, wenn die Straße frei ist.

Beim Benutzen von öffentlichen Verkehrsmitteln wird darauf geachtet, dass der Blindenführhund beim Einsteigen immer zuerst, also vor dem Sehbehinderten einsteigt und beim Aussteigen wartet, bis der Sehbehinderte ausgestiegen ist. Ist der Ein- und Ausstieg allerdings so breit, dass das gemeinsame Ein- und Aussteigen von Hund und Sehbehindertem möglich ist, wird dies natürlich so gehandhabt. Beim Ein- und Aussteigen in Verkehrsmittel ist zusätzlich ein Blindenstock für den Sehbehinderten als weitere Hilfe sinnvoll, damit er besonders beim Ausstieg nicht stolpert oder fällt. Bei manchen Zügen ist zwischen dem Ausstieg und dem Bahngleis noch so viel Platz, dass der Sehbehinderte mit dem Fuß in diese Lücke geraten und sich verletzen könnte. Daher bringt das Vortasten mit dem Stock Vorteile mit sich.

Für das Ein- und Aussteigen wird immer das Kommando »Such Tür« verwendet. Es gibt aber auch einige Sehbehinderte, die ihr altes Kommando wie z. B. »Such Ausgang / Eingang« noch zusätzlich sagen und später das »Such Tür« Kommando weglassen.

Folgen

Auf dieses Kommando folgt der Hund einer vorausgehenden Person so lange, bis diese wieder stehen bleibt. »Folgen« wird vor allen Dingen in Kaufhäusern benötigt, damit man der Verkäuferin zu der gesuchten Abteilung folgen kann oder wenn man mit der Familie unterwegs ist und jemand vorausgeht. Auch auf einem fremden Bahnhof ist dieses Kommando nützlich, wenn man jemanden vorausgehen lässt, um zum richtigen Bahngleis zu gelangen.

Um dem Hund »Folgen« beizubringen, ist eine Hilfsperson notwendig. Man führt die Übung am besten im Kaufhaus, am Bahnhof oder in der belebten Innenstadt durch, wo die Hilfsperson an einem abgesprochenen Ort auf den Trainer mit seinem Blindenführhund trifft. Nach der Begrüßung fordert der Trainer den Hund zum Folgen auf. Damit der Hund weiß, was er zu tun hat, lockt die Hilfsperson den Hund mit einem Futterstück hinter sich her. Wenn der Hund der Hilfsperson willig hinterherläuft (auch bei Wendungen), hält diese an und der Trainer gibt dem Hund einen Belohnungshappen. Danach wird die Übung wiederholt. Folgt der Hund der Hilfsperson willig, hält diese wieder an, der Trainer gibt dem Hund eine Belohnung, zieht den Führbügel aus und die Aufgabe ist für heute beendet. Durch viele Wiederholungen lernt der Hund die Bedeutung des Kommandos, so dass am Ende der Ausbildung der Hund jeder ausgesuchten Fremdperson (auch wenn sie kein Futter mehr in der Hand hat) folgt.

Rolltreppenverweigerung

Die Rolltreppenverweigerung ist ein wichtiges Element in der Blindenführhundausbildung, da eine Rolltreppe eine große Unfallgefahr sowohl für den Blindenführhund als auch für den Sehbehinderten darstellen kann. Der Hund könnte mit seinen Krallen zwischen den Stufen der Rolltreppe hängen bleiben und sich schwer verletzen. Der Sehbehinderte könnte durch die sich bewegende Rolltreppe stolpern und stürzen.

Der Hund muss lernen, dass er beim Kommando »Such Treppe« **nie** eine Rolltreppe anzeigen darf! Um ihm diese Übung begreiflich zu machen, geht man mit dem angeleinten Hund in ein Kaufhaus und auf direktem Weg auf eine Rolltreppe zu. Da die meisten Hunde einen natürlichen Respekt vor Rolltreppen (dem Geräusch in Kombination mit der Bewegung der Treppe) haben, werden sie beim ersten Versuch, die Rolltreppe zu betreten, blockieren. Ist das der Fall, wird dieses Verhalten gelobt und die Übung ist beendet. Würde der Hund mitgehen, dreht man um und geht zurück zum Ausgang des Kaufhauses. Dort zieht man den Führbügel an und geht wieder ins Kaufhaus Richtung Rolltreppe zurück. Man steuert mit dem Hund direkt darauf zu, falls der Hund nicht selbst blockiert, bekommt er mit dem Führbügel eine Stopp-Einwirkung. Danach macht man den Führbügel ab und die Übung ist beendet. Am nächsten Tag wiederholt man die Übung, um zu sehen, ob der Hund nun bereits vor der Rolltreppe blockiert. Tut der das, lobt man ihn und die Übung ist beendet.

Die nächste Steigerung der Übung ist nun, dass man den Hund mittels Kommando »Such Treppe« in Richtung Rolltreppe losschickt. Dabei sollte der Hund die Möglichkeit haben, eine normale Treppe (die neben der Rolltreppe ist) anzuzeigen. Wenn der Hund nach dem Kommando sofort die Treppe ansteuert, erfolgt Lob, das Führgeschirr wird ausgezogen und die Übung beendet. Will der Hund auf die Rolltreppe zugehen, erfolgt eine Stopp-Einwirkung, eine Kehrtwendung an der Leine und die Übung wird nochmals begonnen (bis der Hund die richtige Treppe anzeigt).

Bei allen Übungen in Kaufhäusern und in der Innenstadt ist übrigens eine Kenndecke für den Hund sehr sinnvoll, um Missverständnisse zu vermeiden, denn normalerweise ist Hunden das Betreten von Geschäften ja nicht gestattet – Blindenführhunde sind von dieser Regelung ausgenommen.

Abgründe

Abgründe zu verweigern ist für die meisten Hunde natürlich, da kein Hund freiwillig in einen Abgrund springen würde. Diesen natürlichen Respekt kann man sich bei der Übung zur sicheren Verweigerung von Abgründen zunutze machen.

Dabei geht man im Führgeschirr mit »voran« auf einen Abgrund zu. Bleibt der Hund am Abgrund stehen, wird das Kommando »voran« nochmals wiederholt und es folgt ein kurzer Stoß mit dem Führbügel nach vorne. Bleibt der Hund trotzdem stehen und blockiert, folgt Lob und der Hund wird aufgefordert, den Weg zu suchen (»Such Weg«). Weicht der Hund am Abgrund nun nach rechts oder links aus und hält genügend Abstand zum Abgrund, wird er gelobt, der Führbügel wird ausgezogen und die Übung beendet. Diese Übung wird im Laufe der Ausbildung so oft wiederholt, bis der Hund den Abgrund sicher verweigert (blockiert), auch auf mehrmaliges Kommando nicht weitergeht und dann einen Ausweg sucht.

Bodenunebenheiten

Bodenunebenheiten werden von einem Blindenführhund dadurch angezeigt, dass er seine Geschwindigkeit den Bodenverhältnissen anpasst. Das heißt, dass der Blindenführhund sofort seine Geschwindigkeit reduziert, wenn der Sehbehinderte von einem asphaltierten Weg auf beispielsweise einen Schotterweg wechselt.

Diese Übung lernt der Hund sehr schnell. Dafür wählt man einen solchen Weg (asphaltierter und Schotterweg) und lässt sich voranführen. Behält der Blindenführhund seine normale Geschwindigkeit bei, stolpert der Trainer automatisch oder wirbelt Schotter auf. Durch dieses Stolpern wird der Hund sofort seine Geschwindigkeit anpassen, worauf verbales Lob folgt. Die Übung wird im Laufe der Ausbildung so oft wiederholt, bis der Hund von sich aus die Geschwindigkeit reduziert, wenn sich der Untergrund des Weges ändert.

Schnell und langsam

Weitere Kommandos sind »schnell« und »langsam«. Sie dienen dazu, dass der Sehbehinderte die Geschwindigkeit des Blindenführhundes auf normalem Weg selbst beeinflussen kann. Der Hund erlernt dieses, indem man als Trainer auf einem langen Gehweg vorangeht und dem Hund das Kommando »schnell« gibt und gleichzeitig selbst die Geschwindigkeit erhöht. Passt der Hund sich der Geschwindigkeit an und wird ebenfalls schneller, wird er verbal gelobt. Das Gleiche gilt für das Kommando »langsam«.

Dabei ist es wichtig, dass der Blindenführhund die gewählte Geschwindigkeit so lange beibehält, bis man wieder ein neues Kommando gibt.

Allgemeine Trainingsgrundsätze

Bei allen Trainingseinheiten mit dem Hund muss man die Tagesform und die Leistungsmöglichkeiten des Hundes berücksichtigen. Nur, wenn man das richtige Maß in der Ausbildung findet, kann der Hund etwas lernen. Zu viel ist dabei genauso schädlich wie zu wenig! Wenn man die Übung beendet, bevor der Hund etwas gelernt hat, kann man diese Übung tausend Mal wiederholen und der Hund wird danach immer noch nicht wissen, was er zu tun hat. Eine Korrektur sollte spätestens beim dritten Mal wirken, sonst war die Korrektur zu leicht oder der Trainer hat den richtigen Zeitpunkt der Korrektur nicht erwischt (was bedeutet, dass der Hund nichts gelernt hat).

Ein weiterer wichtiger Punkt in der Ausbildung von Hunden ist, dass man dem Hund immer möglichst sachlich und frei von Emotionen gegenüber treten sollte. Beginnt man eine Trainingseinheit unter Stress, Zeitdruck oder mit der Einstellung, dass die Übung sowieso nicht gelingen wird, braucht man mit dem Training gar nicht anzufangen. Der Respekt gegenüber dem Tier darf nie verloren gehen. Selbstbeherrschung (auch wenn die Übung zehn Mal wiederholt werden muss – was dann übrigens nicht am Hund liegt) ist der wichtigste Bestandteil in der Hundeausbildung. Ruhe und Gelassenheit ausstrahlen und an jedes Training mit neuer Motivation herangehen, das sind die wichtigsten Voraussetzungen für einen guten Hundeausbilder.

Nahziel führen

Unter Nahziel führen versteht man alle Kommandos, die der Blindenführhund zum Aufsuchen von verschiedenen Zielen erlernt. Nahziel deshalb, weil der Hund die Ziele im Auge haben muss, damit er sie auch finden kann. Zu den einzelnen Nahzielen, die in unserer Schule ausgebildet werden, zählen:

- »Such Bank«
- »Such Tür«
- »Such Ampel«
- »Such Bord« (-stein)
- »Such Treppe«
- »Such Zebra«
- »Such Brief«
- »Such Automat«

Bei der Einübung der verschiedenen Nahziele ist das Grundkonzept immer gleich. Zuerst wird der Hund mittels Motivation (Futter oder Spielzeug) dazu gebracht, das Nahziel anzuzeigen und nachdem er verstanden hat, worum es geht, wird die Übung mittels Zwang abgesichert (damit der Hund die Übung immer sicher ausführt!).

Such Bank

Zuerst beginnt man mit dem Nahziel »Such Bank«. Dafür wird bei jeder der Übungen zuerst ein ablenkungsfreier Ort mit einer Sitzbank ausgewählt. Mittels Futter wird dem angeleinten Hund die Sitzgelegenheit gezeigt, das

Tanja Kohl mit Schäferhund Yps

heißt, dass der Hund die Sitzgelegenheit entweder durch Hochspringen mit den Vorderpfoten auf die Bank **oder** durch Kopfauflegen auf die Bank anzeigt. Wenn der Hund nach mehrtägigem Training weiß, was »Such Bank« bedeutet und auf das Kommando sofort Richtung Bank zieht, um diese anzuzeigen, dann folgt die Absicherung mit Zwang. Man bleibt etwa drei Meter vor einer Bank stehen, hält das Halsband auf Zug und gibt gleichzeitig das Kommando »Such Bank«. Bewegt sich der Hund sofort Richtung Bank um diese anzuzeigen, lässt man den Zug sofort nach und belohnt den Hund auf der Bank. Wichtig bei der Übung ist, dass der Hund solange auf der Bank stehen bleibt beziehungsweise den Kopf auflegt, bis er ein neues Kommando bekommt. Die Nahziel-Übung wird so oft im Laufe der Ausbildung wiederholt, bis der Hund das Nahziel an der Leine sofort auf Kommando anzeigt, und zwar auch aus der Bewegung heraus. Das heißt, wenn man auf dem Gehweg langgeht und beim Gehen das Kommando »Such Bank« gibt und der Hund sofort zur nächsten Bank führt. Funktioniert die Übung an der Leine, wird sie im Führgeschirr wiederholt. Der Hund wird während des Führgangs aufgefordert, eine Bank zu suchen, wobei die Entfernung zur Bank gesteigert wird. Erst wenn diese Übung einwandfrei klappt und der Blindenführhund die verschiedenen Bänke (Holz, Gitter, Kunststoff, und so weiter) anzeigt, wird mit der Einübung des nächsten Nahziels begonnen.

Such Tür

Beim Nahziel »Such Tür« benötigen wir eine Hilfsperson, eine Futterschüssel und etwas Futter. Beim ersten Mal sucht man sich einen ablenkungsfreien Ort mit einer Tür. Hinter der Tür steht die Hilfsperson mit dem gefüllten Futternapf, fünf Schritte vor der Tür steht der Trainer mit dem angeleinten Blindenführhund. Die Hilfsperson kommt aus der Tür heraus, zeigt dem Hund den Napf und verschwindet dann wieder hinter der nun verschlossenen Tür. Danach öffnet und schließt die Hilfsperson die Tür mehrmals hintereinander. Dann geht die Hilfsperson zwei Schritte hinter die geschlossene Tür und hält den Napf ruhig fest. Der Trainer nimmt seinen Blindenführhund am Halsband auf Zug und gibt das Kommando »Such Tür«. Der Hund geht auf die Tür zu. Sobald er sie erreicht hat und ruhig davor stehen bleibt, wird die Tür vom Trainer geöffnet und der Hund erhält von der Hilfsperson den Napf mit Futter.

Danach ist die Übung beendet. Am nächsten Tag wird die Übung nochmals wiederholt, wenn der Hund das Kommando sofort mit Zug Richtung Tür befolgt, wird eine fremde Tür ausgewählt und die Übung mit Hilfsperson dort wiederholt. Verläuft diese Übung einwandfrei, werden von nun an verschiedene Türen angesteuert, bis der Hund jegliche Türen aus dem Gehen heraus anzeigt. Danach wird die Übung in die Führarbeit mit einbezogen.

Tanja Kohl mit Labrador Kessy

Such Ampel

Die Nahziel-Übung »Such Ampel« wird nach dem gleichen Prinzip wie die anderen Nahziel-Übungen gelehrt. Dem angeleinten Hund wird das Anspringen der Ampel oder das Stehenbleiben vor der Ampel mittels Futter beigebracht.

Hat der Hund die Übung verstanden und zieht auf das Kommando »Such Ampel« sofort in Richtung Ampel, springt an der Ampel hoch oder bleibt davor stehen bis das nächste Kommando erfolgt, folgt wieder die Absicherung der Übung mittels Zwang. Dazu bleibt man drei Schritte vor der Ampel stehen, nimmt das Halsband auf Zug und gibt das Kommando »Such Ampel«. Bewegt sich der Hund Richtung Ampel, gibt man nach und geht mit. Der Zug wird allerdings so lange gehalten, bis der Hund die Ampel korrekt anzeigt (entweder durch Anspringen oder durch Stehenbleiben). Sobald der Hund die Ampel korrekt anzeigt, wird der Zug sofort entlastet und der Hund erhält Lob und/oder Futter.

In der ersten Woche übt man, um es dem Hund einfacher zu machen, immer an der gleichen Ampel. Sobald er diese richtig anzeigt, muss aber unbedingt an möglichst vielen verschiedenen Ampeln geübt werden, damit er das Konzept »Ampel« generalisiert und schließlich alle Ampeln anzeigt.

Am Ende der Ausbildung sollte der Hund die Ampel auch von größerer Distanz aus zuverlässig suchen und anzeigen, ohne dass er hierfür Futter erhält. Lob ist allerdings immer nötig und sehr hilfreich, um dem Hund den Spaß an der Arbeit für eine sehr lange Zeit zu erhalten.

Such Bord
Die Nahziel-Übung »Such Bord« haben wir bereits im Abschnitt über die Führarbeit behandelt.

Such Treppe
Das Kommando »Such Treppe« wird folgendermaßen eingeübt: Man sucht sich eine ablenkungsfreie Treppe und beginnt die Übung mit dem angeleinten Hund vor der Treppe stehend. Das Halsband wird auf Zug genommen und das Kommando »Such Treppe« gegeben. Der Hund wird daraufhin nach vorne (also Richtung Treppe) losziehen. Wenn der Hund mit den Vorderpfoten auf der ersten Treppenstufe steht, wird er mit Lob/Futter belohnt und die Übung wird wiederholt. Zeigt der Hund die Treppe an, ist dieses Training für heute beendet. Dies wird im Laufe der Ausbildung so oft wiederholt, bis der Hund jede Art von Treppe auch aus der Bewegung heraus anzeigt – erst wenn er dies an der Leine sicher zeigt, wird »Such Treppe« im Führbügel geübt. Die Treppe abwärts wird durch Stehenbleiben des Hundes vor der ersten Treppenstufe angezeigt. Dazu wird der Hund, sollte er die Treppe sofort betreten wollen, mittels Leineneinwirkung (beziehungsweise mittels Führgeschirr) am Weitergehen gehindert.

Diese Übung wird im Laufe der Ausbildung so oft wiederholt, bis der Hund sicher vor jeder Treppe stehen bleibt und kurz blockiert, bis der Sehbehinderte den Hund auffordert, weiterzugehen. Dabei ist es wichtig, dass der Hund beim Hinaufgehen erst dann weitergeht, wenn der Sehbehinderte seinen Fuß auf die erste Stufe gesetzt hat. Beim Heruntergehen ist es wichtig, dass der Hund sehr langsam geht und keine Stufe überspringt (Unfallgefahr!). Am Ende der Ausbildung sollte der Blindenführhund in der Lage sein, Treppen zu suchen und diese sicher zu passieren.

Such Zebra
»Such Zebra« ist die wohl schwierigste Nahziel-Übung für den Hund. Ein Zebrastreifen ist schließlich nur durch weiße Streifen auf dem Boden zu erkennen. Die Übung verläuft wie folgt. Der im Führgeschirr befindliche Hund wird auf einem Gehweg »Voran« geschickt. Drei Meter vor dem Zebrastreifen lässt man sich links den Bordstein anzeigen. Nachdem der Hund am Bordstein steht, gibt man ihm das Kommando »Passieren« zum Überqueren der Straße, hält den Hund jedoch im Führgeschirr zurück. Nach kurzer Zeit gibt man das Kommando »Rechts Voran« und setzt den Weg auf dem Gehweg fort. Drei Meter hinter dem Zebrastreifen lässt man sich erneut den Bordstein auf der linken Seite anzeigen (»Links Such Bord«). Nachdem der Hund am Bordstein steht, erhält er wieder das Kommando zum Überqueren der Straße, wird jedoch im Führgeschirr zurückgehalten und am Passieren gehindert. Nach einiger Zeit gibt man das Kommando »Links Voran« und setzt den Weg auf dem Gehweg fort. Wenn

man auf der Höhe des Zebrastreifens ist, lässt man sich dort den Bordstein anzeigen. Nachdem der Hund am Bordstein steht, gibt man das Kommando »Passieren«, lässt ihn die Straße überqueren und lobt ihn verbal mit »Fein Zebra«. Diese Übung wird auf der anderen Straßenseite genauso wiederholt und am gegenüberliegenden Bordstein beendet. Diese Übung wird so oft während der Ausbildung wiederholt, bis der Hund auf das Kommando »Such Zebra« zielstrebig den Bordstein vor dem Zebrastreifen aufsucht und nach dem Kommando »Passieren« diesen überquert. Der Hund sollte nach der Ausbildung in der Lage sein, Zebrastreifen zuverlässig aufzusuchen. Natürlich muss sich der Sehbehinderte wenigstens in der Nähe eines Zebrastreifens befinden, damit der Hund den Zebrastreifen auch nach relativ kurzer Suchzeit finden kann. Diese Übung bedarf sehr vieler Wiederholungen, damit diese immer zuverlässig ausgeführt wird.

Such Brief / Such Automat

»Such Brief« (-kasten) und »Such Automat« (Geldautomat und Fahrkartenautomat) werden nach dem gleichen Prinzip ausgebildet: Briefkasten oder Automat werden dem Hund mit Hilfe von Futter gezeigt. Nachdem der Hund mit dem Kommando »Such Brief« oder »Such Automat« das jeweilige Ziel ansteuert, erfolgt die Absicherung mittels Zwang. Der Hund wird drei Meter vor dem Ziel abgesetzt. Die Leine wird auf Zug genommen und dem Hund gleichzeitig das Kommando »Such Brief« oder »Such Automat« gegeben. Der Zug am Halsband wird erst gelockert, wenn der Hund das Ziel korrekt angezeigt hat, das heißt, wenn er vor dem Briefkasten/Automat stehen geblieben ist. Dann erhält der Hund Lob bzw. Futter. Die Übung wird im Laufe der Ausbildung so oft wiederholt, bis der Hund zuverlässig auf das Kommando das jeweilige Ziel ansteuert. Diese Übung wird ebenfalls zuerst an der Leine und nach korrekter Ausführung im Führgeschirr durchgeführt und in die Führarbeit integriert.

Vor Beginn der Ausbildung ist es sinnvoll, den Sehbehinderten zu befragen, ob und welche Automaten er in seinem Alltag bedienen muss, um gezielt darauf eingehen zu können.

Ausbildung mittels Motivation, Absicherung mittels Zwang

Wie in den vorangehenden Abschnitten bereits deutlich geworden ist, wird der Hund zunächst mittels Motivation dazu veranlasst, die Übung auszuführen. Erst nachdem er sie sicher verstanden hat, erfolgt die Absicherung durch Zwang.

Die Motivation dient dazu, dass der Hund die Führarbeit mit positiven Anreizen verbindet und diese gerne ausführt. Die Absicherung durch Zwang erfolgt, damit der Hund die Übungen immer zuverlässig ausführt und nicht nur, wenn er Lust dazu hat (oder der Hundeführer Futter in der Tasche hat). Die Absicherung durch Zwang ist ein wichtiges Mittel in der

Blindenführhundausbildung, denn kein Hund arbeitet, um dem Sehbehinderten einen Gefallen zu tun, sondern weil er gelernt hat zu arbeiten, sobald er das Führgeschirr trägt.

Es ist durchaus möglich und natürlich auch wünschenswert, dass aus einem langjährigen Gespann auch ein Team werden kann, bei dem der Hund täglich Gefallen an der Arbeit findet und den Sehbehinderten mit wachsender Begeisterung überall hinführt. Damit der Blindenführhund seine Arbeit erfolgreich leisten kann, muss der Sehbehinderte ihm allerdings auch viel zurückgeben. Denn ein Blindenführhund braucht neben seiner Arbeit Freizeit, um wie jeder normale Hund herumzutollen, mit anderen Hunden zu spielen oder frei zu laufen. Diese Freizeit hält die Waage zur täglichen Führarbeit, die der Hund leistet.

In der Regel sollte dem Hund »im Dienst« mindestens dreimal täglich für eine halbe bis dreiviertel Stunde Auslauf gewährt werden (entweder an der Flexi-Leine oder ohne Leine). Das Spielen mit anderen Hunden sollte mindestens einmal die Woche möglich sein.

Konsequenz – das A und O der Ausbildung

Ein weiterer wichtiger Meilenstein in einer erfolgreichen Hundeausbildung ist die tägliche Konsequenz, mit der man den Hunden begegnet. Das bedeutet, dass man jedesmal, wenn der Hund zum Arbeiten oder Spazierengehen geholt wird, die gleiche Prozedur einhält.

Der Hund soll ruhig sitzen und warten, bis ihm das Halsband angelegt wurde. Danach soll er solange ruhig bei Fuß laufen, bis man am Auto ankommt (um zum Training zu fahren) oder bis man auf dem Waldweg ist (um dem Hund den nötigen Freilauf zu ermöglichen). Nur durch diese tägliche Konsequenz im Umgang mit dem Hund wird dieser zu einem gut erzogenen Blindenführhund, der sich auch in seiner Freizeit gut benimmt.

Dazu ist es auch wichtig, mit dem Blindenführhund ab und zu Cafés oder Restaurants aufzusuchen, in denen er sich während des Besuchs ruhig zu verhalten hat. Auch Einkäufe in der Stadt und in verschiedenen Geschäften sollten für einen Blindenführhund zur Routine gehören. Je mehr der Blindenführhund in seiner Ausbildungszeit erlebt, desto besser ist er auf seine zukünftige Aufgabe vorbereitet und wird diese sicher und gelassen bewältigen.

3 Sehbehinderte als Kunden

Für den Umgang mit Sehbehinderten benötigt man ein hohes Maß an Einfühlungsvermögen. Je nachdem, ob Ihr Kunde von Geburt an blind oder später erst erblindet ist, befindet er sich in einer anderen psychischen Verfassung. Ein durch Unfall sehbehinderter Mensch muss erst lernen, mit seiner neuen Situation umzugehen, wobei die Sehbehinderung meist nicht akzeptiert, sondern nur hingenommen wird. Dies ist ein großer Unterschied! Akzeptiert man die Sehbehinderung, hadert man nicht täglich mit seinem Schicksal, sondern versucht, das Beste daraus zu machen. Wird die Sehbehinderung allerdings nur als gegeben angesehen, schwanken die Stimmungen meist von Verzweiflung und großer Hoffnungslosigkeit bis zur Hoffnung, dass das Leben vielleicht doch gemeistert werden kann.

Bekommt der Sehbehinderte einen Blindenführhund in einer Lebensphase, in der er ohnehin sehr mit sich und seiner Problematik beschäftigt ist, sind Probleme mit dem Hund vorprogrammiert. Der Sehbehinderte möchte sich zwar mit dem Hund auseinandersetzen, aber seine psychische Verfassung macht ihm einen Strich durch die Rechnung, so dass seine volle Konzentration nicht auf den Hund gerichtet ist. Dadurch entstehen anfänglich viele Probleme, die man sich hätte ersparen können. Um zu ergründen, ob ein Sehbehinderter in der Lage sein wird, einen Blindenführhund zu halten und zu lenken, sollte man sich deshalb einen Fragebogen über die psychische und physische Verfassung des Sehbehinderten ausfüllen lassen. Wir versuchen mittels eines solchen Fragebogens alle Umstände, die zum späteren Scheitern einer Einarbeitung führen könnten, auszuschließen. Das Problem dabei ist allerdings, dass nicht jeder Sehbehinderte beim Beantworten dieser Fragen ehrlich ist und eventuell auch Tatsachen wie schwerwiegende Erkrankungen (Diabetes, Hörbehinderungen etc.) verschweigen könnte. Den von uns entwickelten Fragebogen haben wir im Anhang als Beispiel beigefügt.

Ein Gespann kann nur funktionieren, wenn sich der Sehbehinderte auf den Blindenführhund einlässt und nicht nur Forderungen an ihn stellt, sondern ihm auch einiges zurückgibt. Ein Hund kann nicht nur »funktionieren« und ist immer nur so gut oder schlecht, wie sein Hundeführer ihn zu führen im Stande ist. Der Blindenführhund bedarf einer konsequenten Führung und eines hohen Maßes an Tierliebe. Leider glauben immer noch viele Sehbehinderte, dass wir beim Auftreten eines Problems einfach einen

Schalter beim Hund umlegen können und das Problem damit beseitigt sei. Dass der Hund unter einer anderen Führung dieses Problem aber gar nicht zeigen würde, wird dabei vergessen. Wer ein täglich perfekt arbeitendes Hilfsmittel haben will, sollte sich keinen Blindenführhund anschaffen. Ein Blindenführhund ist und bleibt immer ein Lebewesen mit Bedürfnissen und einem Anspruch an artgerechter Haltung.

Hat ein Sehbehinderter eine gute Einstellung zum Hund und behandelt diesen konsequent und liebevoll, kann sogar ein mittelmäßig ausgebildeter Hund mit diesem Menschen zu einem guten Gespann zusammenwachsen. Anderseits kann ein vorzüglich ausgebildeter Hund zusammen mit einem inkonsequenten Hundeführer, der seinen Hund nur als Hilfsmittel sieht, nie ein gutes Gespann werden. Die Zusammenarbeit eines Gespanns hängt zu 50 % vom Sehbehinderten und zu 50 % von den Fähigkeiten des Blindenführhundes ab!

dert ist, als wenn er den Hund ein paar Monate bei sich hat und ihn dann wieder abgibt. Allerdings sollte der Sehbehinderte dann auch zu seiner Überforderung stehen.

Die Beziehung zu einem Hund wird immer wieder auf neue Proben gestellt! Diese Herausforderungen zu meistern und dadurch noch stärker zusammenzuwachsen, sollte das erklärte Ziel eines Blindenführhundhalters sein.

Pädagogische und psychologische Besonderheiten

Im Umgang mit Sehbehinderten haben sich Fähigkeiten und Erfahrungen im pädagogischen Bereich sowie ein hohes Maß an sozialer Kompetenz bewährt. Man muss im Umgang mit Sehbehinderten immer die spezielle Lebenssituation, in der sich dieser Mensch gerade befindet, berücksichtigen. Das soll aber nicht bedeuten, dass die Blindenführhundschule rund um die Uhr als Seelentröster für jegliche Lebensprobleme genutzt werden kann. Es empfiehlt sich deshalb, von Anfang an höflich, aber bestimmt feste Geschäftszeiten einzuführen, innerhalb derer Anrufe entgegengenommen werden. Sonst passiert es Ihnen nur allzu leicht, dass Sie alle Ihre Abende und Wochenenden künftig mit langen Telefongesprächen verbringen werden!

Da wir in unserer Schule immer Wert auf Fortbildung gelegt haben, haben wir zum Thema: »Die Psyche des Sehbehinderten« verschiedene Psychologen befragt. Die Meinungen der Psychologen waren in dem Punkt übereinstimmend, dass die meisten Sehbehinderten mit ihrer schwierigen Lebenssituationen auch psychisch zu kämpfen haben. Dabei gibt es natürlich die unterschiedlichsten Möglichkeiten, wie die einzelnen Menschen mit ihrer veränderten Lebenssituation umgehen. Das trifft besonders für spät Erblindete zu, die beispielsweise durch einen Unfall von heute auf morgen blind geworden sind. Dabei ist erstaunlich, dass sich einige dieser durch einen Unfall spät Erblindeten sofort ihrem Schicksal stellen und das Beste daraus machen. Diese Einstellung beeindruckt uns immer wieder. Diese Menschen gehen ihr Schicksal an und hadern nicht lange damit. So gab es einen spät erblindeten Mann, der noch im Krankenhaus damit begonnen hatte, die Blindenschrift zu erlernen. Er eignete sich alle notwendigen Kenntnisse im Umgang mit den zur Verfügung stehenden Hilfsmitteln an und legte sich drei Jahre nach dem Unfall einen Blindenführhund zu. Sein schwarzer Labrador-Rüde und er sind ein gutes Gespann geworden und die Lebensfreude, die er nun durch seinen Begleiter gewonnen hat, steckt alle an. Dies ist natürlich ein positives Beispiel, das aber leider eher die Ausnahme als die Regel der psychischen Entwicklung eines spät Erblindeten wiedergibt.

Viele der spät Erblindeten kommen mit ihrer Krankheit nicht zurecht und machen häufig ihr Umfeld indirekt dafür verantwortlich.

In unserer Ausbildung zum Blindenführhundtrainer haben wir zeitweise unter der Dunkelbrille gelebt, um ein Gefühl für die Situation der Sehbehinderten zu bekommen. Natürlich wussten wir, dass wir die Dunkelbrille nach einiger Zeit wieder ablegen können, aber für mich persönlich zählt diese Erfahrung zu den einschneidendsten in meinem Leben. Auch die Abschlussgänge mit den selbst ausgebildeten Blindenführhunden haben wir immer unter der Dunkelbrille vorgenommen – dazu gehörten sowohl ein Stadtgang als auch die Fahrt mit Bus und Bahn.

Was bei erfahrenen Blindenführhundehaltern zu bedenken ist

Unter erfahrenen Blindenführhundhaltern verstehen wir alle diejenigen, die schon einen Blindenführhund über den normalen »dienstfähigen« Zeitraum eines Hundes von 8–10 Jahren als Begleiter hatten. Diese Menschen kommen verständlicherweise mit ganz konkreten Vorstellungen über die Fähigkeiten eines Blindenführhundes und sind auch meist auf eine Hunderasse eingeschworen. Darüber hinaus sind sie damit vertraut, welche Bedürfnisse ein Hund hat, wie man mit ihm umgeht und welche Schwierigkeiten in der Anfangszeit auf sie zukommen können. Außerdem konnten sie durch den jahrelangen Umgang mit ihrem Hund auch Erfahrungen mit anderen Hundehaltern austauschen und ihr Wissen erweitern. In den meisten Fällen sind die Sicherheit und Gelassenheit, mit denen diese Erfahrenen mit einem neuen Blindenführhund umgehen, bemerkenswert.

Leider leiden manche Blindenführhundhalter aber auch an einer gewissen Selbstüberschätzung, wenn sie bereits den dritten oder vierten Blindenführhund haben und meinen, alles zu wissen. Darauf muss man als Trainer vorbereitet sein. Selbstverständlich haben diese Menschen bereits sehr viel Wissen im Umgang mit Hunden gesammelt, das heißt aber nicht, dass sie alle Ratschläge und Tipps der Blindenführhundschule in den Wind schlagen können. Eine Sehbehinderte ließ zum Beispiel entgegen unserer Anweisung ihren neuen Blindenführhund bereits am zweiten Tag der Einarbeitung frei laufen. Diese Eigenmächtigkeit war verantwortungslos, da ein Hund in dieser kurzen Zeit noch keine feste Bindung zu seinem neuen Halter aufgebaut haben kann. In dem vorliegenden Fall erzählte uns die Blindenführhundhalterin stolz von ihrer Tat und lobte den Hund, der sofort auf Zuruf zurückgekommen sei. Das hätte aber auch anders verlaufen können und dann stellt sich die Frage, wer die Verantwortung dafür trägt. Es ist also psychologisches Geschick gefragt, um mit Menschen umgehen zu können, die sich nichts sagen und sich nicht »belehren« lassen wollen. Versuchen Sie immer, sachlich und höflich zu bleiben, machen Ihren Standpunkt aber unmissverständlich klar.

Verständlich und nachvollziehbar ist auch, dass der erfahrene Blindenführhundhalter seinen neuen Hund immer mit seinem alten Hund verglechen wird. Aber jeder Hund ist anders! Hunde unterscheiden sich auch innerhalb einer Rasse durch einen unterschiedlichen Charakter und unterschiedliches Temperament. Man wird und soll seinen vorherigen Blindenführhund nicht vergessen, trotzdem sollte aber dem neuen Hund eine reelle Chance gegeben werden, einen Platz im Leben und Herzen des Sehbehinderten zu erobern

Darüber hinaus neigen erfahrene Blindenführhundhalter dazu, ihren verstorbenen Blindenführhund in der Erinnerung regelrecht zu verherrlichen. Das betrifft nicht nur das grundsätzliche Verhalten des Hundes, sondern auch die Führarbeit. Um ein Beispiel dafür zu nennen: Ein Sehbehinderter, der einen Blindenführhund von uns erhalten hatte, schwärmte noch während der Einarbeitung in den höchsten Tönen von den Qualitäten des alten Blindenführhundes. Nachdem sein neuer Blindenführhund nach Abschluss der Einarbeitung die Gespannprüfung mit »sehr gut« bestanden hatte, erfuhren wir von ihm nun auch negative Verhaltensweisen seines verstorbenen Begleiters. Dabei erzählte er uns, dass ihn sein vorheriger Blindenführhund in jedes offene Gartengrundstück geführt hatte, wenn sich dort ein Hund aufhielt, mit dem er spielen wollte. Dies zeigt deutlich, dass kein Blindenführhund perfekt ist und jeder Hund Schwächen hat, mit dem der Blindenführhundhalter umgehen muss.

Nebenbei bemerkt stellt sich uns oftmals die Frage, warum der Sehbehinderte, wenn er doch mit den Leistungen des vorherigen Blindenführhundes zufrieden war, eine andere – nämlich unsere – Blindenführhundschule ausgewählt hat. Meistens werden als Grund für den Wechsel zwischenmenschlichen Probleme zwischen dem dortigen Ausbilder oder dem Geschäftsführer der Schule angegeben. Wieder einmal eine Bestätigung der Tatsache, dass Kompetenz im Umgang mit Menschen für einen Blindenführhundtrainer ebenso wichtig ist wie Kompetenz im Umgang mit Hunden! Als weiteren Grund wird die Nähe zum Wohnort des Sehbehinderten und die damit verbundene Erreichbarkeit der Schule bei auftretenden Problemen genannt.

Viele erfahrene Blindenführhundhalter werden während der Einarbeitung auch leicht ungeduldig, insbesondere was die Einspielung des neuen Hundes auf seinen Herrn betrifft. Dabei vergessen sie leider manchmal, dass nicht nur der Hund, sondern auch sie selbst ihren Teil zur Teambildung beitragen müssen. Auch der Blindenführhundhalter muss sich auf die neue Situation, den neuen Hund, einstellen. Einem erfahrenen Blindenführhundhalter fällt es häufig schwer abzuwarten, bis er endlich mit seinem Hund eingearbeitet ist und dieser ihn genauso gut wie sein vorheriger Blindenführhund versteht. Meist werden auch die alten Führkommandos weiter verwendet, die der neue Blindenführhund vielleicht nicht kennt, aber während der Zusammenarbeit mit dem Sehbehinderten dann kennen lernt. Darüber hinaus erwarten viele erfahrene Blindenführhundhalter sofort eine zuverlässige Bindung zwischen sich und dem neuen Blindenführhund, so dass häufig vergessen wird, dass man diese Bindung zu dem neuen Blindenführhund erst erarbeiten muss. Die Bindung zu einem Hund braucht Zeit, Vertrauen und einen konsequenten und liebevollen Umgang, der täglich praktiziert werden muss. Nicht umsonst kann man erst dann von einem Blindenführhundgespann sprechen, wenn Halter und Hund mindestens ein halbes Jahr miteinander gearbeitet haben.

Viele erfahrene Blindenführhundhalter sind auch durch einen Wechsel der Blindenführhundschule mit negativen Erfahrungen belastet. Ein Sehbehinderter, der von einer anderen Blindenführhundschule einen schlecht ausgebildeten Hund erhalten hatte, war in der Einarbeitungswoche bei uns sehr misstrauisch, da das Vertrauen, das er dem letzten Blindenführhund entgegengebracht hatte, sehr enttäuscht wurde: Er hatte einige Stürze mit Verletzungsfolgen erlitten und war nun sehr unsicher. Sein Misstrauen übertrug sich natürlich auch auf den Hund, der wiederum dadurch verunsichert wurde. Ein Teufelskreis! Die ersten Übungen fielen den beiden sehr schwer. Durch ein ausführliches Gespräch mit dem Sehbehinderten konnten wir dieses Misstrauen aber weitestgehend beiseite räumen, so dass er sich nun auf seinen neuen Hund einlassen und seine volle Konzentration auf ihn richten konnte. Sein Vertrauen wurde dann auch belohnt und es lief von Tag zu Tag besser. Heute sind die beiden ein eingespieltes Team und der Sehbehinderte genießt seine neu gewonnene Freiheit, einfach loszugehen, wann immer er möchte – und nicht nur dann, wenn jemand Zeit hat, ihn zu führen.

Was bei Erst-Blindenführhundhaltern zu bedenken ist

Tatsächlich gibt es Blindenführhundschulen, die grundsätzlich keine Erst-Blindenführhundhalter versorgen. Sie möchten damit den besonderen Schwierigkeiten aus dem Weg gehen, die sich häufig ergeben, wenn Sehbehinderte zum ersten Mal einen Führhund bekommen. Natürlich ist das keine Lösung – denn jemand muss es ja tun und auch hundeunerfahrene Sehbehinderte haben ein Recht auf kompetente Beratung und Unterstützung!

Ein Vorteil bei einem Erst-Blindenführhundhalter ist das unbelastete Herangehen an den Blindenführhund. Das die Fertigkeiten eines Blindenführhundes betreffende Anspruchsdenken ist aber, trotz der fehlenden Erfahrung, oft genauso ausgeprägt wie das der erfahrenen Blindenführhundhalter. Häufig scheinen ein ruhiges, angenehmes Wesen des Blindenführhundes und ein gutes Grundbenehmen im Haus wichtiger zu sein als die eigentlichen Fähigkeiten bei der Führarbeit. Es ist nun einmal sehr schwierig, einen sehr arbeitsfreudigen, aber gleichzeitig auch ruhigen Hund für die Ausbildung zu finden. Natürlich interessiert den Sehbehinderten dieses Problem nicht, aber wir wollen wenigstens einmal darauf hinweisen. Die meisten Hunde, die sehr arbeitsfreudig sind, bringen auch ein gewisses Temperament mit. Glücklicherweise gibt es aber genug Sehbehinderte, denen diese Zusammenhänge klar sind und die damit zurechtkommen.

Vorteilhaft ist, dass ein Erst-Blindenführhundhalter bis zu diesem Zeitpunkt noch keine Führ-Kommandos kennen gelernt hat und sie deshalb auch nicht verwechseln kann. Dieses Problem stellt sich auch überhaupt nur deshalb, weil es keine einheitlichen Qualitätskriterien für die Ausbildung und somit auch keine einheitlichen Kommandos für die Blindenführhunde gibt. Jede Schule macht es nach eigenem Gutdünken. Teilweise werden Blindenführhunde in italienischer Sprache ausgebildet, was das Lernpensum des Sehbehinderten natürlich noch steigert. Durch die Ausbildung in einer anderen Sprache soll verhindert werden, dass der Blindenführhund von Fremden kommandiert werden kann. Wir halten das nicht für sinnvoll, da es zum einen unwahrscheinlich ist, dass ein Fremder das richtige Kommando (z. B. »Passieren«) kennt und in der gerade passenden Situation gibt, und zum anderen der Hund sehr stark auf die Stimme seines Sehbehinderten und evtl. noch dessen Familienangehörigen fixiert ist. Er kann sehr wohl unterscheiden, ob das Kommando von der vertrauten oder einer fremden Person kommt.

Jemand, der zum ersten Mal einen Blindenführhund bekommt, ist vor die Schwierigkeit gestellt, in sehr kurzer Zeit viel über den Umgang mit einem ausgebildeten Blindenführhund lernen zu müssen. Dies beinhaltet neben dem notwendigen theoretischen Wissen insbesondere dessen praktische Umsetzung mit dem Hund. Beim praktischen Umgang mit dem Hund ergeben sich unserer Erfahrung nach die meisten Probleme.

Eine Sehbehinderte hatte zum Beispiel aufgrund körperlicher Einschränkungen am Anfang Schwierigkeiten, den Karabiner der Hundeleine am Halsband des Hundes zu befestigen. Die Entwicklung, die diese Sehbehinderte aufgrund ihres unbedingten Willens, einen Blindenführhund haben zu wollen, machte, ist unbeschreiblich. Nach einer Woche anstrengenden Trainings hatte sie bereits eine Routine im Umgang mit ihrem Hund entwickelt, die die anfänglichen Schwierigkeiten des An- und Ableinens vergessen machten. Durch ihren Blindenführhund hatte sie an Selbstvertrauen gewonnen und holte die bisher ausgebliebenen Unternehmungen der letzten Jahre nun nach. Ihre Familie ist begeistert und hätte eine solche Entwicklung, ausgelöst durch einen Blindenführhund, nie für möglich gehalten.

Andere Erfahrungen waren leider nicht so positiv, wie das Beispiel eines Erst-Blindenführhundhalters zeigt, bei dem nach drei Wochen intensiver Einschulung keine Entwicklung in der Zusammenarbeit zwischen Halter und Hund zu sehen war. Vielmehr legte dieser Sehbehinderte in der Einarbeitung seinen Schwerpunkt auf Privatunternehmungen wie Kneipen-

und Diskothekbesuche. Dabei kam es leider dazu, dass der Hund auf regelmäßige Spaziergänge verzichten und sich deshalb im Haus versäubern musste. Dieser und einige weitere Gründe, auf die wir hier nicht näher eingehen möchten, haben letztendlich dazu geführt, dass wir diesen Hund wieder in unsere Schule zurückgeholt haben. Glücklicherweise konnte der Hund nach einer Nachschulung erneut abgegeben werden, aber nicht alle Hunde verkraften eine Rückgabe an die Schule. Wir gehen individuell auf die Psyche des Hundes ein und nehmen ihn, wenn nötig, aus dem Dienst und vermitteln ihn an Privatleute weiter.

Entgegen der Annahme vieler Krankenkassen passt ein Blindenführhund zum einen nicht zu jedem Sehbehinderten und kann zum anderen nicht zigmal neu vermittelt und weitergereicht werden wie ein lebloser Gegenstand. Natürlich kostet ein Blindenführhund viel Geld und die Ausbildung, die er genossen hat, war langwierig und sollte so lange es geht auch genutzt werden, aber es gibt auch hier Grenzen! Insbesondere die individuelle Versorgung des einzelnen Sehbehinderten mit dem für ihn passenden Hund sollte im Vordergrund solcher Überlegungen stehen und nicht die Kostenfrage.

Eine weitere Schwierigkeit bei Erst-Blindenführhundhaltern besteht darin, dass sie sich oft überhaupt nicht vorstellen können, wie das Zusammenleben mit einem Blindenführhund aussieht (und eine der täglichen Anforderungen, das Spazierengehen bei jedem Wetter, ist nur ein kleiner Teil davon). An diesen unterschiedlichen Vorstellungen sind ebenfalls einige Einarbeitungen im Anfangsstadium gescheitert. Dabei haben wir den Eindruck gewonnen, dass manche Sehbehinderte mit der Entscheidung, die Einarbeitung abzubrechen, sehr leichtfertig umgehen und für die bis dahin entstandenen Kosten auch nicht aufkommen wollen.

Ja, die Frage der Kosten taucht natürlich immer wieder auf und es ist einfach nicht richtig, wenn der Sehbehinderte mit dieser Seite der Blindenführhundversorgung nichts zu tun haben möchte. Denn wenn die Einarbeitung aufgrund einer Befindlichkeit des Sehbehinderten vorzeitig abgebrochen wird, obwohl aus unserer Erfahrung ein Gelingen noch möglich wäre, müsste dies auch dazu führen, dass der Sehbehinderte diese Entscheidung mit all seinen Konsequenzen trägt. Das heißt, dass der Sehbehinderte die bis dahin angefallenen Kosten für die geleistete Arbeit während der Einarbeitung übernimmt, falls die Kostenträger dies nicht tun. Dabei sind wir natürlich auch der Meinung, dass der Sehbehinderte nur dann für die entstandenen Kosten aufkommen muss, wenn ein Verschulden der Blindenführhundschule ausgeschlossen ist, also der Blindenführhund gut ausgebildet und einsatzfähig gewesen wäre. Dies nachzuweisen wäre unserer Meinung nach aufgrund einer Überprüfung des Blindenführhundes, durch einen angesehenen Prüfer wie einem Sachverständigen im Blindenführhundwesen, ohne weiteres möglich. Damit wären auch keine

Schuldzuweisungen mehr nötig, da so zwangsläufig festgestellt werden würde, wer für den Abbruch verantwortlich gewesen ist und die Kosten zu tragen hat.

Erwartungen der Sehbehinderten zur Erreichbarkeit der Blindenführhundschule

Zieht man ernsthaft in Erwägung, eine Blindenführhundschule zu gründen, dann sollte man sich bezüglich geregelter Arbeitszeiten und freier Wochenenden keine Illusionen machen. Die Erwartungen der Sehbehinderten an die Erreichbarkeit der Blindenführhundschule sind sehr hoch. Viele Sehbehinderte verlangen bei einem auftretenden Problem mit ihrem Hund sofort telefonische und kurzfristig persönliche Unterstützung, auch wenn das abends um 22 Uhr oder am Sonntag ist. Einerseits können wir die Dringlichkeit nachvollziehen, andererseits haben auch die Inhaber einer Blindenführhundschule einen Feierabend und ein Wochenende verdient. Dieses Wochenende ist durch die täglich anfallende Versorgung der Ausbildungshunde bereits verkürzt. Das soll kein Klagelied auf die Arbeitsbedingungen von Blindenführhundausbildern sein, wir haben uns schließlich diesen Beruf ausgesucht, aber wir möchten damit Verständnis dafür wecken, dass es rund um die Ausbildung eines Blindenführhundes eine Menge zu tun und zu bedenken gibt. Es ist daher sinnvoll, geregelte Geschäftszeiten und für Notfälle eine Hotline einzurichten, die jederzeit erreichbar ist und die Anrufe direkt an die Inhaber der Blindenführhundschule oder an einen Ausbilder weiterleitet. Mit dieser Möglichkeit ist beiden Seiten gedient.

Schäferhundwelpe Yalla

4 Voraussetzungen für den Blindenführhundtrainer

Die wichtigste Voraussetzung, um Blindenführhundtrainer zu werden, ist wohl zuallererst die Liebe zu und der Respekt vor Tieren. Neben der Ausbildung des Hundes muss diesem auch die Möglichkeit gegeben werden, sich wie ein Hund zu verhalten (auch mal mit anderen Hunden zu toben oder sich frei zu bewegen).

Außerdem ist Geschick im Umgang mit Menschen gefragt, wie bereits mehrfach erwähnt.

Ein Blindenführhundtrainer muss darüber hinaus viel Geduld und ein hohes Maß an Verantwortungsbewusstsein mitbringen, denn schließlich soll der ausgebildete Hund einen Sehbehinderten sicher durch den Alltag führen. Nicht jedem ist die Tatsache bewusst, dass die Funktionalität eines Gespanns nur zur Hälfte vom Hundeführer und zur anderen Hälfte vom Blindenführhund abhängt. Ein Blindenführhund kann nur so gut sein wie der Sehbehinderte, der ihn führt. Außerdem ist für das Funktionieren des Gespanns das Vertrauen zwischen Hund und Hundeführer sehr wichtig. Je mehr Vertrauen besteht, desto besser wird sich das Gespann als Team bewegen und alle auftretenden Situationen gemeinsam meistern.

Vorbildung / Vorkenntnisse

Wer Blindenführhundtrainer werden will, sollte bereits Erfahrungen im Umgang mit Hunden gesammelt haben. Von Vorteil sind eine bestandene Begleithundeprüfung, eine Ausbildung im tierpflegerischen Bereich oder Erfahrungen im Hundesport. Die Arbeit als Rettungshundeführer ist ebenfalls eine gute Grundlage für die Ausbildung zum Blindenführhundtrainer. Eine theoretische Ausbildung zum Tierpsychologen kann hilfreich für die Hundeausbildung sein, ersetzt aber auf keinen Fall die praktischen Erfahrungen im Umgang mit den verschiedenen Hunden. Nebenbei bemerkt: Es kann durchaus sein, dass Hundesportler mit langjähriger Ausbildungserfahrung und Erfolg in diesem Bereich für den Bereich der Blindenführhundausbildung ungeeignet sind. Sporthunde werden sehr führerbezogen ausgebildet, was bedeutet, dass der Hund absolut zuverlässig auf die Kommandos des Hundeführers reagiert. In der Blindenführhundausbildung ist es dagegen so, dass der Hund in verschiedenen Situationen führerunabhängig handeln und ohne ein Kommando Entscheidungen treffen muss. Ein Führhund muss in der Lage sein, selbstständig Hindernissen auszuweichen und Kommandos nur dann zu verweigern, wenn der Sehbehinderte durch die Ausführung des Kommandos in Gefahr geraten würde (zum Beispiel Verweigerung eines Abgrundes). Es können aber auch hundeunerfahrene Menschen sehr gute Blindenführhundtrainer werden, vorausgesetzt sie haben einen Draht zu Hunden und den festen Willen, alle erforderlichen Kenntnisse zu erlernen. Natürlich ist es sehr viel einfacher, das Ziel, ein erfolgreicher Blindenführhundtrainer zu werden, mit Hundeerfahrung zu erreichen.

Das Berufsbild des Blindenführhundausbilders

Der Beruf des Blindenführhundausbilders oder Blindenführhundtrainers ist in Deutschland kein anerkannter Ausbildungsberuf. Bisher wurde in einer gemeinsamen Fassung vom 23.05.1996 von fünf Verbänden eine gemeinsame Ausbildungs- und Prüfungsordnung für die berufliche Fachausbildung zum Blindenführhundausbilder verfasst, welche jedoch in der Praxis noch nicht umgesetzt wurde.

Es gibt Bestrebungen, das zu ändern und es ist nur zu hoffen, dass man sich in Zukunft auf einheitliche Qualitätskriterien und Standards einigen wird.

Folgende Voraussetzungen sollte unserer Ansicht nach ein künftiger Blindenführhundausbilder mitbringen:

- Mindestalter von 18 Jahren
- Abgeschlossene Ausbildung im sozialen und/oder tierpflegerischen Bereich
- Fähigkeit zum selbstständigen Arbeiten
- Engagement, Flexibilität
- Geduld im Umgang mit Menschen und Hunden
- Führerschein Klasse 3
- Körperliche Fitness
- Bereitschaft, draußen zu arbeiten, flexible Arbeitszeiten in Kauf zu nehmen und Überstunden zu machen
- Kenntnisse über das Lernverhalten von Hunden

Wenn der Blindenführhundtrainer den Sehbehinderten mit seinem Hund zusammenbringt, müssen sich beide erst aneinander gewöhnen und kennen lernen. Dies geschieht in der Regel am Ort der Blindenführhundschule.

Erst wenn sich ein gegenseitiges Vertrauensverhältnis zwischen Sehbehindertem und Hund gebildet hat, wird die Schulung des neuen Teams am Wohnort des Sehbehinderten fortgesetzt. Beide Abschnitte betreut und begleitet der Blindenführhundausbilder. Der Blindenführhundausbilder ist also eine Art Vermittler zwischen Mensch und Hund, der sich aber mit steigender Sicherheit und Vertrautheit des Teams mehr und mehr zurückzieht Ein Sehbehinderter vertraut seinem Blindenführhund sein Leben an, deshalb sind eine gewissenhafte Ausbildung des Blindenführhundes und eine sorgfältige Zusammenstellung des Mensch-/Hund-Teams sehr wichtig! Es sollte zum Beispiel klar sein, dass man einer 60-jährigen Sehbehinderten einen ruhigen und leicht führbaren Hund gibt und einem 20-jährigen, sportlichen Sehbehinderten einen lebhafteren Hund aussucht, an dem er viel Freude mit gemeinsamen Unternehmungen haben wird.

Körperliche Voraussetzungen

Man sollte körperlich in der Lage sein, täglich zwischen fünf und zwanzig Kilometern zu Fuß zurückzulegen. Außerdem sollte man sich bewusst sein, dass die überwiegende Arbeit im Freien (und zwar bei jedem Wetter) geleistet wird.

Neben den täglichen Spaziergängen, die man mit den Ausbildungshunden unternimmt, findet auch die eigentliche Ausbildung des Blindenführhundes draußen statt. Darüber hinaus müssen des Öfteren Lasten gehoben werden (Futtersäcke transportieren, Junghunde die Treppe hinauftragen oder in die Autobox heben, kastrierte Hunde tragen) und körperliche Arbeiten, wie das Reinigen der Zwinger und der Hundeboxen, vorgenommen werden.

Pädagogische Voraussetzungen

Erfahrungen im pädagogischen Bereich (ErzieherIn, AltenpflegerIn, LehrerIn, und so weiter) oder ein psychologisches Studium sind von Vorteil. Einfühlungsvermögen und Verständnis für die besondere Problematik der Sehbehinderten gehören ebenso dazu wie Kenntnisse im Mobilitätstraining.

Mobilitätstrainer schulen den Sehbehinderten im Einsatz seines Blindenstockes, sie helfen dem Sehbehinderten, sich in seiner Umgebung zu orientieren und selbstständig Wege mit dem Blindenstock zurückzulegen. Darüber hinaus können auch lebenspraktische Fertigkeiten (wie beispielsweise Kochen) vermittelt werden. Ein Praktikum bei einem erfahrenen Mobilitätstrainer oder eine Schulung mit diesem ist auch für einen angehenden Blindenführhundtrainer sehr sinnvoll und hilfreich. Adressen von Mobilitätstrainern kann man über den ortsansässigen Blindenbund in Erfahrung bringen.

Zudem ist es sehr vorteilhaft, eigene Erfahrungen zu sammeln und sich in die Lage des Sehbehinderten zu versetzen, indem man für einen längeren Zeitraum unter einer Dunkelbrille lebt und die Alltagsschwierigkeiten, die sich einem Sehbehinderten auftun, bewältigen muss. Diese Selbsterfahrung führt zu einem größeren Verständnis der auftretenden Schwierigkeiten im Umgang mit Sehbehinderten.

Betriebswirtschaftliche Kenntnisse

Wer den Aufbau einer Blindenführhundschule plant, sollte genügend betriebswirtschaftliche Kenntnisse besitzen, um ein Unternehmen führen zu können. Neben Kenntnissen in der Buchhaltung, im Steuerrecht, in Marketing und Controlling sollten auch Grundkenntnisse im Personalrecht vorhanden sein. Ist dies nicht der Fall, sollte man geeignetes Fachpersonal anstellen, um sich voll und ganz der Hundeausbildung widmen zu können. Die Einstellung von Fachpersonal führt jedoch unweigerlich zu höheren Kosten und der Gefahr, dass man selbst den betriebswirtschaftlichen Überblick über die eigene Firma verliert.

5 Die Kostenträger

Nachdem die Entscheidung gefallen ist, dass ein Hund für einen Sehbehinderten ausgebildet werden soll, kommen die Krankenkassen als Kostenträger ins Spiel. Aber auch Versicherungen (Haftpflichtversicherungen, Berufsgenossenschaft u.a.) sind in manchen Fällen zuständig.

Die meisten Kostenträger haben leider wenig bis gar keine Erfahrung mit der Bewilligung dieses besonderen Hilfsmittels. Statt an geeigneter Stelle Rat einzuholen (zum Beispiel bei Blindenführhundhalter-Treffen, bei verschiedenen Blindenführhundschulen, bei Blindenverbänden oder erfahrenen Blindenführhundhaltern) wird oft so gehandelt, wie der zuständige Sachbearbeiter es für richtig hält. Dass diese Entscheidungen oftmals sehr problematisch sind oder sogar die Existenz mancher Blindenführhundschulen gefährden, ist den Entscheidungsträgern in dieser Tragweite nicht bewusst.

Von unserer Seite haben einige Krankenkassen des Öfteren das Angebot bekommen, sich vor Ort bei uns zu informieren, damit die Sachbearbeiter nicht nur über eine Versicherungsnummer ihres Versicherten entscheiden. Leider wurde dieses Angebot nicht in Anspruch genommen. Vielleicht liegt es daran, dass den Krankenkassen einseitige Information vorgeworfen werden könnte. Aber dieser Vorwurf könnte durch einen Besuch aller Blindenführhundschulen in Deutschland entkräftet werden. Damit würde den Krankenkassen auch der Weg offen stehen, diesen Bereich der Hilfsmittelversorgung mitzubestimmen und nicht nur Einzelfallentscheidungen zu treffen.

Darüber hinaus sollte sich der Kostenträger ernsthaft Gedanken darüber machen, dass der Blindenführhund zwar ein Hilfsmittel nach dem Hilfsmittelkatalog darstellt, aber deshalb noch lange nicht behandelt werden kann wie ein totes Objekt (z. B. ein Blindenstock). Ein Blindenführhund ist und bleibt ein Lebewesen und kann nicht beliebig oft weitergereicht werden, falls sein vorheriger Halter verstirbt oder so erkrankt, dass er den Hund nicht mehr halten kann. In diesen Fällen wird den Blindenführhundschulen jegliches Mitspracherecht entzogen, da der Kostenträger und nicht der Sehbehinderte selbst Eigentümer des Blindenführhundes ist.

Der Blindenführhund geht nach vollständiger Bezahlung in das Eigentum der Krankenkasse über. Es laufen schon seit längerer Zeit seitens der Blindenverbände Bestrebungen, diese Regelung im Sinne des Sehbehinderten zu ändern, leider aber bisher noch ohne Erfolg. Die Ahnentafel des Hundes wird dem Sehbehinderten als Besitzer übergeben, Eigentümer bleibt aber der Kostenträger. Der Blindenführhund ist von der Hundesteuer befreit, die Haftpflichtversicherung für den Hund wird vom Sehbehinderten getragen. In der Regel erhält der Sehbehinderte von der Krankenkasse eine monatliche Futter- und Pflegepauschale, mit der er diesen Aufwand abdecken kann.

Als Eigentümer kann der Kostenträger die Weitergabe eines Blindenführhundes veranlassen und dabei ungeprüft lassen, ob der Sehbehinderte, der diesen Hund nun erhalten soll, überhaupt zur Führung dieses Hundes imstande ist. Darüber hinaus überprüft der Kostenträger in so einem Fall nicht, ob dieser Hund hinsichtlich seines Charakters, Alters und Geschlechtes für den neuen Sehbehinderten geeignet ist. Hauptsache, das investierte Geld geht nicht verloren und es muss kein zusätzliches Geld für die Suche nach einem für diesen Hund passenden Sehbehinderten ausgegeben werden. Wir stehen der Weitervermittlung eines Blindenführhundes nicht negativ gegenüber, wenn die ausbildende Blindenführhundschule gemeinsam mit der Krankenkasse nach einem für diesen Hund passenden Sehbehinderten sucht und die Einarbeitung vornimmt. Denn die ausbildende Blindenführhundschule kennt den Hund am besten und weiß, was bei einer erneuten Vermittlung zu beachten ist.

Beantragungsverfahren eines Blindenführhundes

Zurzeit stellt sich der Ablauf zur Beantragung und Bewilligung eines Blindenführhundes wie folgt dar: Der Sehbehinderte bekommt von seinem Augenarzt ein Rezept mit der Verordnung eines Blindenführhundes. Danach informiert sich der Sehbehinderte persönlich bei verschiedenen Blindenführhundschulen und wählt die seiner Ansicht nach geeignete aus, von der er einen Kostenvoranschlag erhält.

Nun formuliert der Sehbehinderte ein Anschreiben an der Kostenträger, in dem er seine Beweggründe, warum er zu diesem Zeitpunkt einen Blindenführhund benötigt, beschreibt. Zusammen mit dem Rezept und dem Kostenvoranschlag der Blindenführhundschule wird dieses Anschreiben der Krankenkasse des Sehbehinderten zugesandt. Die Zeitspanne, bis die tatsächliche Kostenzusage an den Sehbehinderten erfolgt, variiert von Krankenkasse zu Krankenkasse und kann sehr lange dauern, einige Wochen sind mindestens zu veranschlagen. Der Kostenträger kann zusätzlich noch den medizinischen Dienst beteiligen, um die Notwendigkeit eines Blindenführhundes für diesen Sehbehinderten festzustellen, oder Kostenvoranschläge anderer Blindenführhundschulen als Vergleichsangebote einholen. Hierzu ist zu sagen, dass jeder Sehbehinderte grundsätzlich das Recht hat, sich an die Blindenführhundschule seines Vertrauens zu wenden und nicht an die günstigste.

In der letzten Zeit haben wir öfter die Erfahrung gemacht, dass die Kostenträger einen bestimmten Höchstbetrag bei der Bewilligung des Blindenführhundes festlegen. Das bedeutet für den Sehbehinderten, dass er den Differenzbetrag der Bewilligung zu den tatsächlichen Kosten der Blindenführhundschule aus eigener Tasche zahlen müsste, denn in Deutschland variieren die Kosten für einen Blindenführhund zwischen etwa. 15.000 und 25.000 Euro. Dies veranlasste leider einige Blindenführhundhalter, eine kostengünstigere Schule zu beauftragen oder führte dazu, dass der Sehbehinderte gegen seine Krankenkasse auf Erstattung der Gesamtkosten geklagt hat. Es gab zwei Fälle, in denen der Kostenträger bereits nach Einlegen eines Widerspruchs durch den Sehbehinderten diesem die Übernahme der gesamten Kosten zugesichert hat.

Nach der Kostenzusage der Krankenkasse beginnen wir mit der Suche nach einem zu diesem Sehbehinderten passenden Hund, die je nach gewünschter Rasse bei uns zwischen einem und sechs Monaten dauern kann. Insgesamt muss der Sehbehinderte sich auf eine Wartezeit von ein bis zwei Jahren einstellen, bis er tatsächlich den Hund bekommt. In Notfällen wie unerwartetem Verlust des letzten Führhundes (z. B. durch Krankheit) versuchen wir, diesen Sehbehinderten vorzuziehen.

Der Kostenvoranschlag

Entscheidet sich der Sehbehinderte für einen Blindenführhund aus unserer Blindenführhundschule, senden wir ihm einen Kostenvoranschlag mit Leistungsbeschreibung zu. Voraussetzung hierfür ist, dass wir den Führhundinteressenten bereits persönlich kennen gelernt haben. Dies hat den Vorteil, dass beide Seiten sich ein Bild von ihrem Gegenüber machen können. Für uns als Blindenführhundschule ist es wichtig, die Erwartungen, die zeitliche Vorstellung zur Übernahme eines Blindenführhundes und die Rasse besprechen zu können. Auch spielen die gesundheitliche Verfassung des Führhundinteressenten und dessen Mobilität bzw. Orientierungsfähigkeit eine entscheidende Rolle, ob wir ihn überhaupt versorgen möchten. Daher versenden wir keine Kostenvoranschläge auf eine telefonische Anfrage!

Im Kostenvoranschlag sind unter anderem folgende Punkte aufgeführt:

- Auswahl/Ankauf, bzw. Zucht/Aufzucht eines zur Ausbildung geeigneten Hundes
- Futter- und Pflegekosten des Hundes während der Ausbildungszeit
- Tierärztliche Untersuchungen, wie z.B. Röntgenuntersuchungen, Kastration, Blutbild, Impfungen, Chip, etc.
- Ausbildung zum Blindenführhund
- Blindenführhundausrüstung
- Einarbeitungslehrgang
- Fahrtkosten und Unterkunft

Zusätzlich zum Kostenvoranschlag erhält der Führhundinteressent eine ausführliche Leistungsbeschreibung. Dort sind unsere Leistungen schriftlich dokumentiert und der Sehbehinderte hat die Möglichkeit, diese Leistung auch einzufordern. Dies ist für uns ein weiterer Schritt zu einer vertrauensvollen Basis und einem Qualitätsstandard, der leider noch nicht überall eingehalten wird.

Prüfung der Antragsteller durch den Kostenträger

In diesem Bereich haben wir schon von den abenteuerlichsten Geschichten gehört. Eine Krankenkasse hatte beispielsweise kurzzeitig einen Eignungstest für Sehbehinderte eingeführt. Dieser Eignungstest wurde

allerdings nicht von einem unabhängigen Prüfer aus dem Blinden- und/oder Hundewesen durchgeführt, sondern von einem Blindenführhundbesitzer. Nach lautem Protest durch die Blindenverbände und die Sehbehinderten selbst wurde dieser Test wieder eingestellt.

Eine Prüfung der Eignung eines Sehbehinderten, der einen Blindenführhund haben möchte, halten wir für sinnvoll; die Frage ist nur, ob dieser Eignungstest von der Krankenkasse als Kostenträger oder einer unabhängigen Stelle durchgeführt werden sollte. Nicht jeder Sehbehinderte ist in der Lage und willens, einen Blindenführhund zu halten. Nur weil alle diesbezüglichen Kosten von der Krankenkasse übernommen werden, sollte dies kein Grund für die Anschaffung eines Blindenführhundes darstellen. Leider entscheiden sich viele Sehbehinderte nicht für den Blindenführhund als Lebewesen, sondern nur für die damit verbundene und neu gewonnene Mobilität. Es wird dabei allzu oft vergessen, dass ein Blindenführhund aber nur Mobilität geben kann, wenn er artgerecht gehalten und geführt wird. Besonders aus diesem Grund ist ein vorheriger Eignungstest sinnvoll. Ein solcher Test sollte aber objektiv durchgeführt werden und nicht den Krankenkassen zu Einsparungen verhelfen. Am besten wäre diese Aufgabe in den Händen erfahrener Hundetrainer unter Zuhilfenahme erfahrener Mobilitätstrainer. Im Idealfall müsste der Sehbehinderte auch die Möglichkeit haben, seine Umgangsweise mit einem Hund zu demonstrieren, damit sich die Prüfer davon ein Bild machen können.

Bisher war es immer so, dass die Kostenträgern fast ausnahmslos den Blindenführhund genehmigt haben und die Blindenführhundschulen entscheiden mussten, ob sie für diesen Sehbehinderten einen Hund ausbilden. Wir haben des Öfteren Sehbehinderten aus verschiedenen Gründen keinen Blindenführhund ausgebildet und hatten jedes Mal mit Anfeindungen und einmal sogar mit dem Rechtsanwalt des Sehbehinderten zu tun, obwohl die Möglichkeit, sich bei einer anderen Blindenführhundschule einen Hund auszusuchen, offen blieb.

Vielleicht wären uns diese Erfahrungen durch einen Eignungstest erspart geblieben. Wer weiß?

Bewilligung / Bezahlung

Ein weiteres für die Existenz der Blindenführhundschulen sehr wichtiges Kapitel ist die Bewilligung und Bezahlung des Blindenführhundes. Hat ein Sehbehinderter seine Entscheidung getroffen, sich einen Blindenführhund anzuschaffen, nimmt die Bürokratie ihren Lauf. Zuerst besucht der Sehbehinderte idealerweise mehrere Blindenführhundschulen und macht sich ein Bild über deren Arbeitsweise. Nach der Entscheidung für eine bestimmte Schule besorgt er sich, wie bereits beschrieben, beim Augenarzt das Rezept für die Versorgung mit einem Blindenführhund. Der Kostenvoranschlag der Blindenführhundschule wird dann mit dem Rezept und einem persönlichen Anschreiben des Sehbehinderten an der Kostenträger zur Bewilligung gesandt. Nach einigen Wochen erhalten der Sehbehinderte und die ausgesuchte Blindenführhundschule die Bewilligung von der Krankenkasse.

Nach Eingang der Bewilligung wird dann der passende Hund gesucht, dem Sehbehinderten vorgestellt und die Ausbildung begonnen. Während der Ausbildung wird von unserer Schule viel Wert darauf gelegt, dass der Sehbehinderte seinen künftigen Blindenführhund besucht. Diese Besuche sollen dazu dienen, dass der Sehbehinderte bereits vor Abgabe des Hundes eine Bindung zu ihm aufbauen kann. In der Regel ist dann auch die Übergangsphase bei der Einarbeitung schneller überwunden. Nach Beendigung der Ausbildung erfolgt dann die Einarbeitung des Sehbehinderten. Die erste Einarbeitungswoche findet am Ort der Blindenführhundschule statt, die nächsten Einarbeitungswochen (in der Regel zwei Wochen) werden dann am Wohnort des Sehbehinderten durchgeführt. Wir bestehen auf einer Gespannprüfung, die nach der Einarbeitung von einem unabhängigen Prüfer vorgenommen wird.

Gespannprüfer werden zum Teil von Blindenverbänden geschult, aber auch hier gibt es keine einheitlichen Ausbildungs- und Prüfungsstandards. In der Regel bestimmt der Kostenträger den Prüfer, wobei er meist auf Empfehlungen der Blindenverbände oder auf bereits gemachte Erfahrungen mit Gespannprüfern zurückgreift.

Wurde die Gespannprüfung erfolgreich abgelegt, erfolgt eine Mitteilung an die zuständige Krankenkasse des Sehbehinderten, worauf die Überweisung des Rechnungsbetrages folgen sollte.

Leider sieht die Realität etwas anders aus! Unsere erste eingereichte Rechnung geht regelmäßig bei der Krankenkasse verloren. Nach Übersendung einer erneuten Rechnung wird von der Krankenkasse ein selbst gewähltes Zahlungsziel von 28 Tagen festgelegt. Dabei spielt keine Rolle, dass wir bis zu diesem Zeitpunkt bereits zwei Jahre alle Kosten für den ausgebildeten Hund vorfinanziert haben. Die Kosten für zwei Jahre ergeben sich dann, wenn der Hund aus unserer eigenen Zucht stammt, von einer Patenfamilie großgezogen wurde und mit gut einem Jahr für die Ausbildung (die dann nochmals 6 - 8 Monate dauert) in die Blindenführhundschule zurückkehrt.

Um der Eigenmächtigkeit der Krankenkassen entgegenzuwirken, haben wir uns mit einigen anderen Blindenführhundschulen zu einer Interessengemeinschaft zusammengeschlossen, die sich dafür einsetzt, dass nach Abschluss der Einarbeitung beziehungsweise bestandener Gespannprüfung sofort die Überweisung der Kosten erfolgt. Vom Erfolg der Interessengemeinschaft wird auch die weitere Entwicklung im Blindenführhundwesen und die Entwicklung einheitlicher Qualitätsstandards abhängen.

Was passiert bei Abbruch der Einarbeitung oder Rückgabe des Hundes?

Bei einem Abbruch der Einarbeitung kommt es natürlich in erster Linie darauf an, wer den Abbruch zu verantworten hat. Wird die Einarbeitung abgebrochen, weil der Hund schlecht ausgebildet wurde und seine Aufgabe als Blindenführhund nicht erfüllt, muss die Blindenführhundschule für die bis dahin anfallenden Kosten aufkommen. Nun ist eine objektive Beurteilung, ob der Blindenführhund schlecht ausgebildet ist, von einem Erst-Blindenführhundhalter natürlich kaum möglich. In diesem Fall gibt es aber Sachverständige im Blindenführhundwesen, die sowohl mit Sehbehinderten als auch mit Hunden gearbeitet haben und ein Gespann objektiv beurteilen können. Bescheinigt ein solcher Sachverständiger die Untauglichkeit des Blindenführhundes, dann liegen die Verantwortung und die entstandenen Kosten in den Händen der Blindenführhundschule.

Sollte der Sehbehinderte die Einarbeitung aus gesundheitlichen Gründen abbrechen, muss der Kostenträger oder der Sehbehinderte selbst für die bis dahin angefallenen Kosten aufkommen. Dies ist jedoch in der Praxis immer wieder ein Punkt, bei dem es oft zu Streitigkeiten zwischen den Parteien kommt.

Gegebenenfalls kann die Einarbeitung ja nach Genesung des Sehbehinderten fortgesetzt werden. In diesem Falle müsste der Kostenträger aber die Unterbringungskosten des Blindenführhundes in der Blindenführhundschule begleichen.

Bricht der Sehbehinderte die Einarbeitung ab, weil er sich mit einem Blindenführhund überfordert fühlt oder die Arbeit, die durch einen Hund entsteht, unterschätzt hat, müsste der Sehbehinderte alleine für die bis dahin angefallenen Kosten aufkommen. Unsere langjährigen Erfahrungen haben gezeigt, dass viele Sehbehinderte bei einer offensichtlichen Überforderung mit dem Hund diese Tatsache nicht zugeben, sondern andere Gründe für den Abbruch der Einarbeitung suchen. Ehrlichkeit ist jedoch die wichtigste Voraussetzung für eine erfolgreiche Zusammenarbeit von Blindenführhundschule und Sehbehindertem. Sollte der Sehbehinderte aber seinen wahren Abbruchgrund aus Angst vor den anfallenden Kosten verschweigen, ist die Grundvoraussetzung für eine Zusammenarbeit zerstört. Es liegt in der Natur des Menschen, sich zu irren oder andere Vorstellungen von etwas zu haben, aber man sollte nach der Erkenntnis auch dazu stehen.

Bei der oben genannten Problematik sehen wir die Blindenführhundschulen und die Sehbehinderten gemeinsam in der Pflicht, mehr Verantwortung für ihr Handeln zu tragen. Die Blindenführhundschulen sollten den Sehbehinderten nach dessen Möglichkeiten, einen Blindenführhund artgerecht zu halten, befragen und auch dazu stehen, wenn dieser danach keinen Blindenführhund erhält.

Sinnvoll und hilfreich wäre es, ein möglichst in Blindenschrift verfasstes und vom Sehbehinderten unterzeichnetes Protokoll dieser Befragung zu erstellen, um späteren Streitigkeiten entgegenzuwirken.

Der Sehbehinderte sollte sich vor der Anschaffung eines Blindenführhundes eingehend mit den Vor- und Nachteilen beschäftigen, damit ihn bei der Einarbeitung keine großen Überraschungen erwarten. Dazu gehört auch, sich bei verschiedenen Blindenführhundschulen Informationen einzuholen und sich von langjährigen Blindenführhundhaltern beraten zu lassen.

Bei einer Rückgabe des Hundes ist es entscheidend, wer die Rückgabe zu verantworten hat und wann die Rückgabe des Hundes erfolgt. Die Rückgabe eines Hundes kann zum Beispiel deshalb erfolgen, weil der Sehbehinderte schwer erkrankt und den Hund nicht mehr halten kann. In diesem Fall verhandeln Krankenkasse und Blindenführhundschule gemeinsam über den weiteren Einsatz des Blindenführhundes, der auch vom Alter des Hundes abhängig ist. Idealerweise wird die Führfähigkeit des Blindenführhundes von der ausbildenden Schule überprüft und dann entweder zuerst einer Nachschulung unterzogen oder unverzüglich mit einem passenden Sehbehinderten eingearbeitet. Die Blindenführhundschule hat übrigens nicht das Recht, einen Hund ohne Absprache mit dem Kostenträger von dem Sehbehinderten zurückzuholen!

Sollte die Rückgabe des Blindenführhundes deshalb erfolgen, weil sich die Lebensumstände des Sehbehinderten verändert haben und der Blindenführhund nun nicht mehr dazu passt, dann war die Entscheidung für einen Blindenführhund ein Fehler. Ein Blindenführhund kann sich jeder neuen Lebenssituation anpassen, vorausgesetzt, der Blindenführhundhalter hat den Willen und die Bereitschaft dazu. Beispielsweise wurde uns ein Blindenführhund zurückgegeben, weil die Sehbehinderte ein Kind erwartete und mit der neuen Situation und dem Hund überfordert war. Dass es sich bei diesem Blindenführhund um einen eigens für diese Sehbehinderte ausgewählten und ausgebildeten Hund handelte, spielte für sie keine Rolle.

Dass ein Blindenführhund zurückgegeben wird, ist traurig genug, dass manche Krankenkassen dann jedoch aus Kostengründen nicht die ausbildende Schule mit der Abholung des Hundes beauftragen, ist unserer Ansicht nach ein Skandal. Diesem Fall könnte Abhilfe geschaffen werden, wenn alle Blindenführhundschulen dem Ehrenkodex der Ausbilder folgend keinen Blindenführhund einer anderen Schule abholen würden. Nur dann wären der Kostenträgern gezwungen, sich mit der ausbildenden Schule zusammenzusetzen. Leider wird bei der Rückgabe eines Blindenführhundes in erster Linie nach den anfallenden Kosten und nicht nach dem Wohl des Tieres entschieden.

6 ZUCHT

Kann man Blindenführhunde züchten?

Unserer Erfahrung nach muss man die Frage, ob man Blindenführhunde gezielt züchten kann, eindeutig mit »Nein« beantworten. Durch eine sorgfältige Auswahl der Elterntiere und deren Veranlagung kann allenfalls die Wahrscheinlichkeit erhöht werden, dass sich aus dieser Verpaarung ein oder mehrere Hunde zur Ausbildung eignen werden. Dazu muss bei der Auswahl der Elterntiere Wert darauf gelegt werden, dass beide Tiere ein gutes und ruhiges Wesen zeigen und eine hohe Lernbereitschaft besitzen. Darüber hinaus sollten beide Elterntiere eine gute Gesundheit aufweisen. Anhand von Untersuchungen müssen Dysplasie der Hüft- und Ellbogengelenke und erbliche Augenerkrankungen ausgeschlossen werden.

Wer züchten möchte, sollte sich anhand guter Fachliteratur unbedingt auch Grundkenntnisse der Genetik (Vererbungslehre) aneignen, um die Gesetzmäßigkeiten der Vererbung zu verstehen. So können gesundheitliche Mängel oder erbliche Krankheiten durchaus auch »verdeckt« von einer Generation zur nächsten weitergegeben werden, das Elterntier kann also die Veranlagung zu einer Erkrankung in sich tragen und an die Welpen weitergeben, ohne selbst äußerliche Krankheitsanzeichen zu zeigen. Eigentlich ist es also notwendig, nicht nur die Eltern, sondern auch deren Groß- und Urgroßeltern zu kennen und Informationen über deren Gesundheitszustand und Wesen einzuholen, um wirklich planvoll züchten – und nicht vermehren – zu können.

Uns war stets wichtig, dass die Mutterhündin ihre Welpen in unserem Haus zur Welt bringt und dass diese während der ersten Lebenswochen im Familienverband aufgezogen werden. Zu diesem Familienverband gehören bei uns zwei Labradorhündinnen und eine Schäferhundhündin. Mit allen Welpen, die in unserem Haus geboren wurden, nahmen wir unmittelbar nach der Geburt Kontakt auf. Die Hündin ließ uns immer vertrauensvoll gewähren. Um die Welpen in der ersten Woche zu überwachen, verbrachten wir die ersten Tage nach der Geburt im Wurfzimmer. Die Geburt der Welpen war immer wieder ein faszinierendes Erlebnis und die Instinktsicherheit, die unsere Zuchthündin bereits bei ihrem ersten Wurf an den Tag legte, begeisterte uns. Die Vertrautheit, die ich während dieser Zeit mit meiner Hündin gewonnen habe, zeichnet sich auch jetzt noch im täglichen Umgang mit ihr ab. Die Bindung zwischen ihr und mir hat sich noch mehr verstärkt und uns verbindet ein unerschütterliches Vertrauen.

Voraussetzungen für den Aufbau einer Zucht

Bevor eine eigene Zucht aufgebaut werden kann, muss einiges bedacht werden. Eine Zuchthündin bekommt man meist nicht zu kaufen, sondern muss sie sich selbst großziehen. Da man aber einem Welpen nie ansieht, wie er sich einmal entwickeln wird, braucht es großen Aufwand und Glück, damit aus ihm tatsächlich eine erfolgreiche Zuchthündin wird. Wir hatten bei der Auswahl unseres ersten Welpen, einer Hündin aus unserem ersten Wurf, nicht so viel Glück. Sie ist vom Wesen her eine wunderbare Hündin, aber gesundheitlich hat sie uns schon einige Sorgen bereitet. Dabei liegt es nicht an ihrem Knochenbau, die Hüftgelenke und auch die Ellenbogen sind frei von einer Dysplasie, aber sie leidet unter einer Futtermittel- und Hausstaubmilbenallergie. Die Allergie haben wir zwar nach der Futterumstellung auf rohes Fleisch, Gemüse und Mineralzusätze in den Griff bekommen, aber es steht nicht fest, ob diese Allergie erblich ist. Wir haben uns aus diesem Grund dafür entschieden, diese Hündin nicht zur Zucht einzusetzen.

Bei unserer zweiten Hündin handelt es sich um einen Labrador, den wir mit acht Wochen aus Kanada bekommen haben. Ihre Voraussetzungen, eine gute Zuchthündin zu werden, stehen sehr gut, denn sie hat gute Hüften, dysplasiefreie Ellenbogen und ihre Augen lassen keine Augenkrankheit erkennen. Bei dem vorgeschriebenen Wesenstest hat sie die beste Beurteilung des Tages bekommen und die Zuchttauglichkeitsbewertung (Formwert) hat sie auch gemeistert. Die Aufzucht der Hündin hat sehr viel Zeit in Anspruch genommen, aber wir sind sehr glücklich, dass wir sie haben.

Zu Beginn unserer Entscheidung, eine Labradorzucht für unsere Blindenführhundschule aufzubauen, dachten wir natürlich zunächst daran, eine zweijährige Hündin zu uns zu nehmen, die bereits alle Zuchtkriterien erfüllt. Doch diese Vorstellung war unrealistisch, da niemand eine gute Zuchthündin verkaufen möchte. Entweder hatten die angebotenen Hündinnen Verhaltensprobleme (ängstlich und/oder aggressiv) oder sie waren bei mehreren Deckversuchen leer geblieben.

Ich erinnere mich noch an einen Versuch, in Norddeutschland eine Hündin zu kaufen. Der Verkäufer hielt seine Hündin seit längerer Zeit in einem Stall, da seine Frau an einer Hundehaarallergie leide. Die aus Langeweile zernagte Scheunentür zeugte von Energie und einem eigenen Kopf – genau das, was wir suchten. Wir baten den Verkäufer, noch die fehlende Augenuntersuchung durchführen zu lassen und waren uns über den Kaufpreis und den Abgabetag bereits einig. Nach der ohne Befund verlaufenden Augenuntersuchung verlangte der Verkäufer plötzlich einen höheren Kaufpreis als zuvor. Da wir uns damit nicht einverstanden erklärten, lehnte er einen Verkauf ab und brach den Kontakt zu uns ab. (Später konnten wir der Vereinszeitung entnehmen, dass er die Hündin dann doch weiterverkauft hatte.) Es gelang uns auch nach diesem misslungenen Versuch nicht, eine ältere Hündin zu bekommen. Entweder wollten die Verkäufer ihre Hündin nur an Jäger abgeben oder sie sollte nicht zur Zucht verwendet, sondern nur als Familienhund abgegeben werden. Danach gaben wir unsere Versuche, in Deutschland eine passende Hündin zu finden auf und kauften einen Welpen in Kanada.

Wenn wir heute noch einmal eine eigene Zucht aufbauen würden, würden wir uns sofort einen Welpen anschaffen und aufziehen, denn da weiß man eher, was man hat.

Selbst züchten oder lieber ankaufen?

Eine eigene Zucht hat Vor- und Nachteile, genau wie der Ankauf von einjährigen Hunden. Der Aufbau einer eigenen Zucht hat den Vorteil, dass man die Hunde vom ersten Lebenstag an kennt. Ein weiterer Vorteil ist, dass man die Hunde schon während ihrer Aufzucht hinsichtlich ihrer zukünftigen Aufgabe testen und sich ein Bild machen kann.

Darüber hinaus weiß man zu Beginn der Ausbildung genau, was der Hund bereits gelernt hat. Zu den Nachteilen einer eigenen Zucht zählen die Zeit, die man zur Aufzucht der Welpen und zum täglichen Training und Spazierengehen einplanen muss sowie die Abhängigkeit, die damit verbunden ist. Je mehr Zuchthündinnen man hat, desto schwieriger wird es, alle mitzunehmen, wenn man einmal verreisen möchte. Wir hatten bisher immer das Glück, ein entsprechend großes Ferienhaus mit einem verständnisvollen Vermieter zu finden! Unsere besten Erfahrungen haben wir in dieser Hinsicht in Dänemark und Norditalien gemacht, wobei Dänemark den zusätzlichen Vorteil hat, dass dort die Hunde fast überall frei laufen können. Eine eigene Zucht bedarf auch einer sehr detaillierten Vorbereitung auf das, was bei einer Geburt und der Welpenaufzucht passieren kann. Das reicht von der Entscheidung, wann man bei Geburtsschwierigkeiten einen Tierarzt hinzuzieht, bis zur Flaschenaufzucht der Welpen, falls der Hündin etwas passiert oder die Hündin keine Milch hat. Je besser man auf diese Fälle vorbereitet ist, desto gelassener kann man dem Ereignis entgegensehen. Wertvolle Tipps erhält man bei Gesprächen mit erfahrenen Züchtern und aus guter Fachliteratur. Alle Utensilien, die man zur Geburt eventuell benötigt, sollte man bereitstehen haben.

Für eine gute Zucht ist die vorherige Überlegung, für welchen Zweck man die Hunde züchten möchte, selbstverständlich, denn dementsprechend werden die Elterntiere ausgesucht. In diesem Zusammenhang haben wir die Erfahrung gemacht, dass die Belegung am besten gelingt, wenn sich die Hündin ohne jegliche Mithilfe (wie Festhalten und so weiter) vom anwesenden Rüden decken lässt. Daher haben wir auch einen Deckversuch mit einem Rüden, der unsere Hündin nicht decken wollte (vielleicht war sie für diesen Rüden noch nicht paarungsbereit genug?) abgebrochen und zwei Tage später mit einem anderen Rüden wiederholt, was sofort gelang. Am besten man beobachtet die Hündin während jeder Läufigkeit, um im Vorhinein den wahrscheinlichen Decktag zu erkunden. Da der Decktag von Hündin zu Hündin sehr unterschiedlich sein kann, sollte man nicht in Aufregung verfallen, wenn es bei der eigenen Hündin etwas länger dauert, bis sie deckbereit ist. Abschließend können wir sagen, dass sich der Aufwand für eine eigene Zucht gelohnt hat. Die daraus hervorgekommenen Blindenführhunde sind von Anfang an optimal aufgezogen und auf ihre künftige Aufgabe vorbereitet worden. Diese Vorbereitung ist von großer Bedeutung für die spätere Ausübung der Arbeit als Blindenführhund.

Zum Thema des Fremdankaufens von einjährigen Hunden haben wir bis jetzt sowohl negative als auch positive Erfahrungen sammeln können. Unsere besten Erfahrungen haben wir mit Hunden gemacht, die wir bei uns bekannten Züchtern mit entsprechend viel Erfahrung in der Aufzucht gekauft haben. Diese Hunde waren stets wesens- und umweltfest und auch ein gewisser Grundgehorsam war erkennbar. Dabei handelte es sich stets um Züchter, die ihre Hunde im Familienverband großziehen. Bei einem anderen Züchter, der seine Hunde in Zwingern großzog, gab es schon erhebliche Unterschiede zwischen den Tieren. Einige waren genauso wesens- und umweltfest wie die in der Familie aufgezogenen Hunde. Dies kam daher, dass diese Hunde oft aus dem Zwinger hinausgelassen und zu Stadtgängen oder sonstigen Unternehmungen mitgenommen wurden. Deren Geschwister, die nicht dieses Glück hatten, waren meist schreckhaft und ängstlich, besonders in verschiedenen Situationen des Straßenverkehrs oder während eines Stadtbesuches. Diese Hunde konnten wir nicht ausbilden, da die Gewöhnung an die verschiedenen Umweltreize leider zu viel Zeit in Anspruch genommen hätte, bevor wir mit der eigentlichen Ausbildung hätten beginnen können. Unser negativstes Erlebnis hatten wir mit einem Züchter, der uns mitteilte, dass wir den Hund »ruhig tot machen könnten«, nachdem bei dem Hund Hüftgelenksdysplasie festgestellt worden war. Natürlich sind wir dieser Aufforderung nicht nachgekommen, sondern haben den Hund in eine geeignete Familie vermittelt. Für diese Familie spielte die Krankheit des Hundes keine Rolle, zumal zu diesem Zeitpunkt keine körperlichen Anzeichen erkennbar waren und der Hund mit Rücksichtnahme auf seine Krankheit trotzdem ein gewisses Alter erreichen kann.

Wenn wir einen Hund ankaufen, behalten wir uns meist eine Probezeit von vier Wochen vor, um uns in dieser Zeit ein Bild über das Wesen und Verhalten des Hundes machen zu können. Dabei wird er allen möglichen Umweltsituationen ausgesetzt, vom Spaziergang im Stadtpark über eine Zug- und Busfahrt oder einen Besuch im Tierpark bis zu einem Stadtgang mit Benutzung von Aufzügen, Gittertreppen und ähnlichem. Während dieser Zeit lässt sich relativ schnell beurteilen, ob der Hund für eine Ausbildung geeignet ist.

Darüber hinaus wird der Hund in dieser Zeit auch einer eingehenden tierärztlichen Untersuchung unterzogen. Gerade private Besitzer stimmen einer Probezeit oft nicht zu und so kaufen wir trotz eines einstündigen Wesenstests, in dem wir die grundsätzlichen Wesenseigenschaften des Hundes überprüfen, meist doch die »Katze im Sack«.

Nach der Eingewöhnung bei uns zu Hause kommen dann manch unliebsame Verhaltensweisen an den Tag. Auffällig hierbei ist, dass wir sehr selten einen erzogenen Hund bekommen. Meistens ist genau das auch der Abgabegrund! Die Besitzer lassen den Hund ohne Erziehung aufwachsen und können ihn dann bald nicht mehr bändigen. So kommt es häufig vor, dass wir beim Wesenstest vor Ort zunächst an der Leine hinterher geschleift werden, weil der Hund von Leinenführigkeit und anderen Erziehungsübungen noch nie etwas gehört hat. Da diese Übungen alle nachholbar sind, kommt es uns bei dem Wesenstest hauptsächlich auf das

Grundwesen des Hundes an. Ist der Hund freundlich, nicht ängstlich oder aggressiv und zeigt keine anderen Verhaltensabnormalitäten, gehen wir das Risiko ein und nehmen ihn mit.

Dabei ist es trotzdem so, dass von fünfundzwanzig Besuchsterminen bei Privatleuten vielleicht drei Hunde überhaupt in Frage kommen. Alle anderen potenziellen Verkäufer haben entweder einige negative Eigenschaften ihres Hundes im Erstgespräch mit uns nicht erwähnt oder der Hund ist in einem so erbärmlichen Zustand, dass wir uns eine Ausbildung nicht vorstellen können. Dabei ist unser Einzugsgebiet, um Hunde anzuschauen, praktisch nicht begrenzt. Den weitesten Weg, den wir schon einmal in Kauf genommen haben, war der nach Dänemark. Dabei muss man trotzdem jedes Mal damit rechnen, ohne einen Hund wiederzukommen. Die Suchzeiten, um geeignete Hunde zu finden, sind sehr lang und kostspielig. Das ist auch ein Grund, warum wir uns letztendlich für den Aufbau einer eigenen Zucht und die Abgabe der Welpen in geeignete Patenfamilien entschieden haben.

Prägung und Sozialisierung der Welpen in den ersten acht Wochen

Die ersten Lebenswochen, insbesondere die vierte und achte Woche, sind für die Prägung und Sozialisierung der Welpen entscheidend. Dabei haben wir sehr gute Erfahrungen damit gemacht, den Welpen ab der vierten Woche mildem Stress auszusetzen. Das bedeutet, dass wir dann bereits anfangen, mit den Welpen Auto zu fahren, sie an Verkehrslärm gewöhnen, einen Einkaufsmarkt zu besuchen und so weiter.

Daneben beschäftigen wir uns immer wieder intensiv durch Spielen und kleine Geschicklichkeitsaufgaben mit den Welpen. Dazu gehören das Balancieren auf einem höheren Brett, das Stehen auf einem Balancierbrett, das Suchen eines vorher versteckten Futterbrockens, das Überqueren eines Gitterrostes und so weiter. Dazwischen haben die Welpen genügend Zeit, sich auszuruhen, mit ihren Geschwistern oder ihrer Mutter zu spielen und die Umwelt zu erkunden.

Labradorhündin Umba mit ihrem A-Wurf

Bis zum Ende der dritten Woche leben die Welpen bei uns im

Asterix und Alina

Haus mit Familienanschluss, ab der vierten Woche kommen sie mit der Mutterhündin in ein Welpenhaus. Das Welpenhaus ist ein Holzhaus, das innen eine Hundehütte und viele Spielmöglichkeiten für die Welpen bereithält. Am Haus ist ein eingezäunter Freilauf, der jederzeit genutzt werden kann. Der Freilauf beinhaltet einen Spielreifen, Balancierbretter und verschiedene Bodenbeläge wie Gras, Sand und Betonboden.

Ab der sechsten Woche werden die Welpen auf verschiedene Eigenschaften hin getestet – beispielsweise, ob der Welpe die Nähe eines Menschen sucht, ob er sich dem Menschen anschließt, ob er sich spielerisch auf den Rücken drehen lässt oder sich dagegen wehrt und so weiter. Durch diese verschiedenen Informationen über die Entwicklung der einzelnen Welpen konnten wir oft schon bis zur Abgabe der Welpen mit acht Wochen festlegen, welcher Welpe in einer Patenfamilie großgezogen werden soll und welcher Welpe zum Verkauf steht. Bisher haben wir uns nur bei zwei von siebzehn Welpen getäuscht. Diese zwei Welpen wären nach ihrer Aufzucht ebenfalls zur Ausbildung als Blindenführhund geeignet gewesen, verständlicherweise haben die Besitzer sie dann nicht mehr hergegeben. Da wir sehr engen Kontakt zu unseren Welpenkäufern halten, konnten wir deren Entwicklung auch sehr gut mitverfolgen.

Es ist immer wieder faszinierend, dass die Aufzucht der Welpen bis zum Junghund (also das erste Lebensjahr) so entscheidend für das Wesen und den Charakter des Hundes ist. Um nur ein Beispiel dafür zu nennen: Wir haben aus unserem ersten Wurf zwei Rüden verkauft. Der eine Rüde war ein ruhiger, sehr menschenbezogener Zeitgenosse und der andere Rüde war temperamentvoll, aber auch sehr menschenbezogen. Der ruhige Rüde kam zu einem Ehepaar, das sich sehr gut auf den Hund einstellte und erfolgreich die Begleithundeprüfung mit ihm ablegte. Der temperamentvolle Rüde kam ebenfalls zu einem Ehepaar, das angesichts des Temperamentes des Hundes schnell überfordert war und ihn deshalb nur am Halti (Kopfhalfter für Hunde) ausführen konnte, da er sonst für sie nicht zu bändigen war. Diese sehr unterschiedliche Entwicklung zeigt, dass bei Aufzucht und Umgangsweise mit dem Hund leider oftmals zu menschlich gedacht wird. Da ein Hund nie wie ein Mensch denken wird, müssen wir lernen, wie ein Hund zu denken. Nur dann kann die Kommunikation zwischen Mensch und Hund den gewünschten Erfolg bringen.

Bei der Aufzucht der drei Würfe haben wir die Erfahrung gemacht, dass man wirklich ab der vierten Woche mit der Sozialisierung anfangen muss. Diese Notwendigkeit hat sich gerade im Verhalten der Hunde beim Autofahren gezeigt. Mit dem ersten Wurf sind wir erst ab der siebten Woche Auto gefahren. Die Hunde aus diesem Wurf hatten anfangs dabei Probleme, die sich in Brechreiz oder Jammern äußerten. Die Welpen aus dem dritten Wurf sind bereits mit der vierten Woche Auto gefahren und hatten von Anfang an kein Problem damit. Der beste Beweis dafür, dass eine frühe Sozialisierung Probleme verhindern kann.

Beschreibung eines Wesenstestes

Zur Beurteilung, ob sich ein Hund für die Ausbildung zum Blindenführhund eignet, sind alle Beobachtungen wichtig, die im Zusammenhang mit dem Verhalten des Hundes gemacht werden. Bereits der erste Augenblick, wenn wir den Raum betreten und den Hund zum ersten Mal sehen, hat sehr viel Aussagekraft. Der Hund sollte freundlich auf uns zukommen, Kontakt aufnehmen und eine entspannte Körperhaltung zeigen. Wir haben aber auch öfters Hunde erlebt, die auf Grund unserer Anwesenheit die Rute einklemmen und sich unter den Tisch verkriechen, sich trotz freundlichem Locken nicht hervortrauen, die urinieren und sich auf den Rücken legen, Hunde die Angst vor dem Halsband oder der Leine haben, die uns bei der Begrüßung des Besitzers beißen wollen und so weiter. Bei solchen Hunden brauchen wir den übrigen Test gar nicht mehr durchzuführen.

Ist der erste Kontakt positiv verlaufen, nehmen wir den Hund an die Leine und gehen spazieren. Der Spaziergang sollte möglichst in die Stadt führen, da dort eine Vielzahl von Eindrücken zur Verfügung stehen. Beim Spaziergang ist nicht der Grundgehorsam des Hundes, sondern nur das Wesen ausschlaggebend. Zeigt der Hund bei Begegnungen mit Menschen, Hunden oder anderen Tieren Aggression, kommt er nicht für eine Ausbildung in Frage. Zeigt der Hund bei Geräuschen (vorbeifahrender Bus/Lastwagen etc.) Angst und legt sich beispielsweise flach auf den Boden und ist nicht mehr zum Weitergehen zu bewegen, ist ebenfalls eine Ausbildung ausgeschlossen. Während des Tests sollte ein Aufzug oder eine Telefonzelle aufgesucht werden, um zu sehen, ob der Hund Probleme mit engen Räumen hat. Ist der Hund nicht dazu zu bewegen diese engen Räume zu betreten, liegt es entweder daran, dass er diese Situation noch nie erlebt hat und sich deshalb ängstigt, oder dass er generell ein wesensbedingtes Problem hat, das sich unter anderem darin äußert. Meistens sind es viele kleine Probleme (unsicherer Hund, der Angst und/oder Aggression zeigt), die sich im Testverlauf zeigen und die dann zum Ausschluss führen.

Wir gehen mit dem Hund in die Stadt und dort über einen Gitterrost, in ein Parkhaus, in Kaufhäuser, in Aufzüge, zum Bahnhof (um die Reaktion auf ein- und ausfahrende Züge zu beobachten), über glänzende und glatte Bodenbeläge und Treppen, in einen Park (um das Verhalten gegenüber Hunden und anderen Tieren wie Enten, Vögel etc. zu beobachten), an einer Hauptverkehrsstraße entlang, an einem Kindergarten oder einer Grundschule vorbei. Alles was die Stadt an diesem Tag zu bieten hat, wird als Testsituation genutzt und ausgewertet. Nach Abschluss dieses Tests und den gemachten Beobachtungen in Bezug auf das Verhalten des Hundes wird die Ausbildung begonnen – oder eben nicht.

Verhält sich der Hund während des Testgeschehens ruhig und gelassen, reagiert er neutral oder freundlich auf Menschen, Tiere und Hunde, bewegt er sich auf glatten Böden sicher und verhält sich an der Hauptverkehrsstraße ruhig und entspannt, kommt er auf jeden Fall für die Ausbildung in Frage. Zeigt der Hund während des Testgeschehens in mehreren Situationen Angst, Unsicherheit oder sogar Aggression, kommt er nicht als Ausbildungskandidat in Frage.

Um die Ergebnisse des Tests zu untermauern, vereinbaren wir beim Ankauf eines einjährigen Hundes immer noch eine zusätzliche Probezeit von vier Wochen. Nachdem sich der Hund eine Woche bei uns eingelebt hat, wird der gesamte Test nochmals an verschiedenen Tagen wiederholt und durch Zug, Bus und Auto fahren ergänzt. Nach diesen vier Wochen kann man mit hoher Wahrscheinlichkeit die Tauglichkeit zum Blindenführhund feststellen.

Bisher waren lediglich zwei von den getesteten 30 Hunden nicht für die Ausbildung geeignet, was sich aber erst zum Ausbildungsbeginn zeigte.

Fütterung: natürlich oder industriell?

Als wir mit unserer Blindenführhundschule starteten, ernährten wir unsere Hunde mit einem hochwertigen Trockenfutter. Dieses bekam ihnen auch anfangs sehr gut, was wir am glänzenden Fell der Hunde erkennen konnten. Die Kotmenge, welche die Hunde hinterließen, war jedoch beträchtlich, und diese Entleerung fand dreimal täglich statt. Wir würden wahrscheinlich heute noch Trockenfutter füttern, wenn unsere eigene Hündin nicht krank gewesen wäre. Alina war in ihrer Welpen- und Junghundezeit sehr anfällig für immer wiederkehrende Krankheiten. Sie hatte mit ständiger Ohrentzündung, Analdrüsenentzündung und permanentem Juckreiz an den Pfoten zu kämpfen. Diese Symptomatik schränkte natürlich auch die Bewegungsfreudigkeit der Hündin ein. Beim Spaziergang schlich sie hinter mir her und war anders als die anderen Hunde zu einem schnellen Sprint oder langen Spiel nicht zu bewegen. Nach monatelanger Behandlung der Symptome, aber nicht des Auslösers für ihre Krankheit, brachten wir sie in eine Tierklinik, um sie gründlich untersuchen zu lassen. Die Tierärztin riet uns zu einer Blutuntersuchung auf Allergien, da die in dieser Kombination auftretenden Symptome darauf hinwiesen. Mit dem durchgeführten Bluttest wurde eine Allergie auf Futter- und Hausstaubmilben festgestellt. Wir bekamen die Empfehlung, drei Monate lang das beim Tierarzt erhältliche Spezialtrockenfutter bei Allergien zu füttern und alle Veränderungen der Symptomatik aufzuzeichnen. Nach drei Monaten waren die vorherigen Beschwerden immer noch aktuell, daher riet uns der Tierarzt zu einer langwierigen Eigenblutbehandlung, bei der die Hündin über einen Zeitraum von drei Monaten täglich eine Spritze erhielt. Auch nach dieser Behandlung zeigte sich keine gravierende Besserung.

Bei eigenen Recherchen im Internet stießen wir auf die natürliche Ernährung des Hundes, kurz BARF (Biologically Appropriate Raw Food) genannt. Da die Symptome ja auch auf die Futterallergie zurückgeführt wurden, wagten wir den Versuch und stellten Alina von heute auf morgen auf die natürliche Ernährung um. Diese natürliche Ernährung beinhaltete als Hauptbestandteil rohes Rindfleisch, dem Gemüse, eine Mineralstoffmischung, Heilerde, Seealgenmehl, Kräuter, kalt gepresstes Distel-, Fisch- oder Olivenöl und wöchentlich ein hart gekochtes Ei mit Schale beigefügt werden. Eine Mahlzeit kann außerdem auch mal durch Quark oder Joghurt mit Obst und Honig ersetzt werden. Die Umstellung des Futters bekam Alina gut und machte uns, nachdem wir die Zusammenstellung wussten, auch nicht viel mehr Arbeit als die Fütterung mit Trockenfutter. Alina hatte keinen Durchfall und die Kotmenge, die sie nun nur noch zweimal täglich absetzte, war nur etwa ein Drittel von der vorherigen. Vier Wochen nach der Futterumstellung verschwanden die Symptome. Die ständige Ohrentzündung heilte ab, es gab keine Analdrüsenentzündung und keinen Juckreiz mehr. Daneben zeigte Alina eine nie zuvor gekannte Aktivität. Im Wald sprang sie nun beim Spaziergang über Baumstümpfe, sie spurtete unvermittelt los und spielte ausdauernd und mit viel Begeisterung. Alinas Aktivität nahm mit der Zeit so zu, dass ich mit ihr seit gut einem Jahr Agility betreibe. Die Ausübung dieses Sports wäre mir vor einem Jahr noch undenkbar erschienen und nun arbeiten wir auf unsere ersten Wettkämpfe hin. Es macht so viel Spaß zu sehen, dass die einfache Umstellung des Futters diese Genesung möglich gemacht hat.

Nach dieser Erfahrung haben wir unsere Hunde alle auf die natürliche Ernährung umgestellt und ziehen auch unsere Würfe mit diesem Futter auf. Die Probleme, dass unsere Zuchthündin aufgrund der großen Futtermengen während der Säugezeit mit heftigen Blähungen zu kämpfen hatte, sind nun fast gänzlich vorbei. Seitdem sie natürlich ernährt wird, kann sie auch die größeren Futtermengen, die sie während der Säugezeit erhält, besser verdauen. Außerdem musste sie während der Trockenfutterernährung sehr oft und viel Kot absetzen, was sich mit der Umstellung auf die natürliche Ernährung geändert hat. Auch die Welpen, die bei der Umstellung von der Muttermilch auf die erste Mahlzeit immer mal mit Durchfall zu kämpfen hatten, blieben davon verschont. Die abgesetzten Kothäufchen sind zudem nun kompakte kleine Würste, die man leicht aufnehmen und entsorgen kann.

Wenn wir nicht die eigene Erfahrung mit unserer Hündin gemacht hätten, hätten wir es wahrscheinlich auch nicht geglaubt. Es freut uns, dass immer mehr Hundehalter ihre Hunde natürlich ernähren, da dies angesichts der wachsenden Zahl der mit Allergien behafteten Hunde sicherlich sinnvoll ist.

Wichtig hierbei ist die Ausgewogenheit der Ernährung, also die richtige Zusammenstellung der oben genannten Komponenten. Nur Fleisch allein zu geben wäre zu einseitig und bedingt dann ebenfalls Mangelerscheinungen und Krankheiten. Wir haben auch bei sehr temperamentvollen und agilen Hunden die Erfahrung gemacht, dass manche Trockenfutterarten diese Nervosität noch steigern, wohingegen der Hund nach einer Umstellung auf eine natürliche Ernährung ruhiger und ausgeglichener wirkt. Auch bei schlechten Fressern, beispielsweise dem Großpudel, haben wir die Erfahrung gemacht, dass die natürliche Ernährung sofort angenommen wird und sich das Fressverhalten normalisiert.

Zu den Kosten und dem Aufwand bei industrieller und natürlicher Ernährung ist zu sagen, dass die Kosten für ein hochwertiges Trockenfutter im Vergleich zu denen der natürlichen Ernährung des Hundes etwa gleich hoch sind.

Die Aufwendungen für die Zubereitung sind bei der industriellen Fütterung geringer als bei der natürlichen Ernährung, mit etwas Routine ist das Anmischen des Futters jedoch sehr leicht.

7 PATENFAMILIEN

Um gute Blindenführhunde ausbilden zu können, sind der Aufbau einer eigenen Zucht und die Aufzucht der Welpen durch Patenfamilien unumgänglich. Nur durch den Einsatz der Patenfamilien ist man in der Lage, einen Wurf von beispielsweise sechs Welpen so unterzubringen, dass für jeden dieser Welpen eine individuelle Aufzucht gewährleistet wird.

Deshalb wählen wir unsere Patenfamilien auch nach den besonderen Anforderungen aus, die ein Welpe an seine Familie stellt. Dabei sollte ein Erwachsener überwiegend zu Hause sein, damit die artgerechte Aufzucht des Welpen erfolgen kann. Patenfamilien nehmen einen Welpen mit acht Wochen zu sich und kümmern sich darum, dass er alles zu sehen bekommt, was das moderne Leben heutzutage zu bieten hat – zum Beispiel die Einbindung in das Tagesgeschehen. Darüber hinaus sollte der Welpe andere Tiere wie Katzen, Vögel, Hasen, Rehe kennen lernen und diese nicht jagen, sondern ihnen, so weit dies möglich ist, neutral begegnen. Die Erfahrungen, die der Welpe in seinen ersten Lebenswochen sammelt, werden für ihn immer maßgeblich sein. In dieser Zeit sollte der Welpe häufigen Kontakt zu gut sozialisierten Hunden (jungen wie alten und gleichaltrigen) haben. Dieser Umgang stärkt seine Kommunikationsfähigkeit im Umgang mit Artgenossen. Trotzdem sollte der Mensch die wichtigste Rolle in seinem Leben spielen. Eine Patenfamilie muss daher viel Zeit aufbringen, um sich dieser anspruchsvollen Aufgabe zu widmen. Neben den Kontakten mit anderen Tieren und Menschen sollte der Welpe auch das Stadtleben mit allen Facetten, wie dem U- und S-Bahn fahren, dem Bus und Zug fahren sowie den Besuch in Geschäften kennen lernen. Er sollte sich an Verkehrslärm und den Lärm von Baustellen sowie an Kindergarten- und Schullärm gewöhnen. Außerdem darf das Benutzen von Aufzügen oder Treppen jeglicher Art, zum Beispiel aus Gitterrost, kein Problem darstellen. Um all diese Gewöhnungen vorzunehmen, bedarf es keines ausgeklügelten Trainingsplans, das Einbinden in den normalen Tagesablauf einer Familie genügt.

Suche von geeigneten Patenfamilien

Eine Möglichkeit, eine Patenfamilie zu finden, ist eine Anzeige in der Tageszeitung, in der die Aufgaben einer Patenfamilie beschrieben sind. Auf eine solche Anzeige haben sich bei uns etwa fünfunddreißig Patenfamilien

gemeldet, die um einen persönlichen Termin gebeten haben. Von dem Angebot einer persönlichen Information haben dann noch fünfundzwanzig Familien Gebrauch gemacht, von diesen schieden dann noch einmal fünfzehn Familien wegen falscher Vorstellungen im Bezug auf eine Patenschaft aus. Die Vorstellungen gingen über einen Spielgefährten für die Kinder (wobei beide Elternteile noch ganztägig berufstätig waren und sich die Kinder und die Haushälterin um den Welpen kümmern sollte); eine günstige Alternative, um den Umgang mit einem Hund mal auszuprobieren, ohne dabei an die zukünftige Aufgabe des Hundes zu denken; einer antiautoritären Einstellung zur Hundeerziehung, die an den mitgebrachten Kindern schon deutlich wurde; einer Familie mit bereits drei eigenen großen Hunden (die jedoch im Schweinestall zusammen lebten und das Haus nie von innen zu sehen bekamen) und zu denen sich der Welpe dazu gesellen sollte; bis zu einer Familie, die die Hundephobie des Kindes durch die Auf-

Patenkind mit Labrador Amadeus

zucht eines Welpen wieder in den Griff bekommen wollte. Dass wir diesen Familien keinen Welpen zur Aufzucht gegeben haben, versteht sich von selbst.

Von den übrig gebliebenen zehn Familien suchten wir fünf Familien aus, von denen drei einen Labrador-Welpen aus unserem ersten Wurf und die anderen zwei Familien einen Schäferhund-Welpen bekamen. Selbst bei diesen ausgesuchten Familien mussten wir zwei der abgegebenen Patenhunde nach kurzer Zeit wieder zurücknehmen.

Eine der Familien hatte es immer wieder zugelassen, dass die achtjährige Tochter den Schäferhund-Welpen an der Leine durch die Wohnung schleifte und dass der Welpe die hauseigenen Katzen durch die Wohnung jagte. Als der Hund dann nach drei Monaten verständlicherweise seine Chance ergriff und das Mädchen beim Gerangel auf dem Boden und anschließendem Hinterherziehen durch die Wohnung anknurrte, rief uns die Familie sofort an und wir sahen bei diesen Gegebenheiten keine andere Möglichkeit, als den Hund wieder abzuholen und selbst groß zu ziehen. Die Hündin entwickelte sich prächtig und hat ihre Blindenführhundausbildung und Gespannprüfung mit dem Sehbehinderten exzellent gemeistert.

Die andere Familie, bei der wir den Hund während der Patenschaft abgeholt haben, hatte es bei der Fütterung des Hundes wohl zu gut gemeint.

Trotz unserer Anweisungen, dem Hund nur das mitgegebene Futter und eventuell zusätzliche Leckerlis zu füttern, wurde der Hund täglich mit einem Ei und jeder Menge Hundewurst vollgestopft, wodurch massive, am Fell sichtbare Mangelerscheinungen auftraten. Da uns die Patenfamilie trotz des augenscheinlichen schlechten Zustandes des Hundes nicht informiert hatte, half uns diesmal der Zufall: Die Familie wollte verreisen und der Patenhund sollte einige Tage bei uns bleiben. Bereits bei Abgabe des Hundes bemerkten wir mehrere offene Hautstellen am Hund. Darauf angesprochen erklärte die Patenfamilie, dass der Hund wohl von einem Insekt gestochen worden sei und sich diese Stelle entzündet habe. Nachdem die Familie abgereist war, untersuchten wir den Hund ausführlich und mussten mit Grauen feststellen, dass der Welpe unter dem gesamten Fell offene Hautstellen hatte, an denen man das rohe Fleisch sehen konnte. Wir suchten sofort den Tierarzt auf, der den Hund dann während der zweiwöchigen Abwesenheit der Patenfamilie wieder in einen erträglichen Zustand brachte.

Für uns war nach dem Tierarztbesuch klar, dass die Familie den Hund nicht mehr zurückbekommen würde und auch keinen anderen Hund mehr zur Patenschaft erhielt.

Als die Patenfamilie zurückkehrte, stellten wir sie wegen des schlechten Zustandes des Hundes zur Rede und bekamen zur Antwort: »Wir haben es ja nur gut gemeint.« Sie verstanden trotzdem unsere Reaktion nicht, als wir ihnen mitteilten, dass sie den Hund nicht mehr zurückbekommen und auch keinen anderen Hund erhalten würden. Durch diese Fehlernährung wäre der Schäferhund-Welpe beinahe zugrunde gegangen und die Patenfamilie war sich keiner Schuld bewusst!

Es ist tröstlich, dass es auch andere Patenfamilien gibt, die wirklich den Sinn der Patenschaft verstanden haben und sich alle Mühe geben, dieser Aufgabe gerecht zu werden. Eine Patenfamilie hat im Laufe unseres Bestehens bereits den dritten Hund zur Aufzucht. Die zwei inzwischen abgegebenen Hunde konnten die Ausbildung und die Gespannprüfung zum Blindenführhund erfolgreich abschließen. Die neuen Blindenführhundbesitzer sind den Patenfamilien dankbar, dass sie diese Hunde zu dem gemacht haben, was sie heute sind, nämlich gut erzogene und verträgliche Hunde.

Den Patenfamilien fällt der Abschied nach einem Jahr sehr schwer, trotzdem entscheiden sie sich immer wieder für eine Patenschaft, weil sie durch die Aufzucht eines Welpen einen Beitrag dazu leisten, dass ein Sehbehinderter wieder einen treuen Begleiter erhält. Wenn eine Patenfamilie dann irgendwann »ihren Patenhund« in einem Fernsehbericht wiedererkennt, sind Freude und Stolz auf die geleistete Arbeit größer als der Verlust. Um den Trennungsschmerz etwas abzumildern, haben wir immer versucht, den Familien kurz nach Abgabe des Hundes wieder einen Welpen zu übergeben.

Die Hunde, die aus unseren Patenfamilien zurückkommen, haben mehrere Vorteile. Sie haben eine gute Grunderziehung, sind verkehrs- und umweltsicher, haben ein sicheres Wesen und wir kennen sie seit ihrer Geburt. Diese Hunde auszubilden ist um ein Vielfaches leichter, als fremd angekaufte einjährige Hunde, bei denen sich doch schon mal das ein oder andere unerwünschte Verhalten (wie Anspringen, Essen vom Tisch klauen und so weiter) zeigt.

Betreuung der Patenfamilien (Welpenstunde, Begleithundekurs)

Unsere Patenfamilien werden individuell von uns betreut. Die Patenfamilien mit weniger Erfahrung benötigen und erhalten mehr Unterstützung als die Erfahrenen. Grundsätzlich verpflichten wir unsere Patenfamilien, an unseren selbst durchgeführten Welpenstunden teilzunehmen. Die Welpenstunden, in denen die Welpen sozialisiert und geprägt werden, beginnen mit der 8. und enden mit der 20. Lebenswoche. Neben spielerischen Erziehungsübungen ist die Bindung zwischen Hund und Mensch der wichtigste Bestandteil der Übungen, der Hund soll Vertrauen zum Menschen aufbauen.

Um dies zu erreichen, wird ein Parcours aufgebaut, der gemeinsam zu meistern ist und zu dem beispielsweise das Kriechen durch einen Tunnel, das Balancieren über ein hohes Brett oder das Klettern in ein dunkles Fass gehören. Darüber hinaus lernt der Welpe, auch bei Ablenkungen durch Artgenossen oder Menschen den Anweisungen des Hundeführers zu fol-

Frau Krause mit Camillo

Training mit der Patenfamilie

gen. All diese Erfahrungen stärken das Vertrauen zwischen Hundeführer und Hund. Durch den Grundgehorsam hat der Hund später mehr Freiheiten (er kann jederzeit von der Leine gelassen werden, weil er zuverlässig zurückkommt). Der Grundgehorsam, den ein Welpe in der Patenfamilie lernen sollte, reicht von »Sitz« und »Platz« über Leinenführigkeit bis zum sicheren Herankommen bei jeglicher Ablenkung. Diese Übungen sollte der Hund kennen. Danach bieten wir den Patenfamilien noch einen weiterführenden Erziehungskurs an. Die Festigung und Perfektionierung dieser Übungen erfolgt dann in der Ausbildung zum Blindenführhund.

Vielleicht ist der Eindruck entstanden, dass jeder Patenhund, der zu uns zurückgekommen ist, auch ein Blindenführhund wurde. Das trifft nicht zu und wäre auch vermessen zu glauben, denn nicht jeder Hund ist für die Aufgabe geeignet, als Blindenführhund zu arbeiten. Nachdem der Hund von der Patenfamilie mit einem Jahr zurück in unsere Schule kommt, wird erst einmal seine Eignung als Blindenführhund gesundheitlich und wesensmäßig überprüft. Wenn der Hund gesunde Hüften und Ellenbogen hat, sein Kreislauf stabil ist, seine Augen gesund sind und seine Blut- und Urinwerte im Normbereich liegen, folgt der Wesenstest. Beim Wesenstest kommt es darauf an, dass der Hund keine Ängstlichkeit oder Aggression zeigt, sich im Umgang mit Artgenossen neutral verhält und sich im Haus ruhig und sicher bewegt (auch wenn er alleine bleiben muss). Einer unserer Patenhunde hatte leider nicht gelernt, auch mal alleine zu bleiben und so mussten wir ihn aus diesem Grund ausmustern. Es fand sich für ihn eine nette Familie, in der er nun sein Leben als Familienhund verbringt. Für diesen Hund war das die beste Entscheidung, denn in seiner neuen Familie hat er den ständigen Familienanschluss, den er braucht.

Darüber hinaus stehen wir den Patenfamilien mit Rat und Tat zur Seite. Die Betreuung geht von Einzelstunden bei Hundeerziehungsfragen über die Begleitung zu Tierarztbesuchen oder die Betreuung während eines Urlaubs oder sonstiger Abwesenheit der Familie. Außerdem haben wir die Abgabe der Patenhunde immer zum Anlass genommen, um unseren Patenfamilien für ihren Einsatz zu danken. Dabei haben sich inzwischen auch Freundschaften ergeben, die wir nicht missen möchten. Die Zusammenarbeit und der Umgang mit den Patenfamilien haben uns immer mehr Spaß als Arbeit bereitet und wir haben in vielen geselligen Runden rund um den Hund geplaudert und gelacht.

An dieser Stelle möchten wir noch einmal allen unseren treuen Patenfamilien für ihren Einsatz danken und dafür, dass sie jedes Mal den Trennungsschmerz wieder auf sich genommen haben, wenn der Tag der Rückgabe kam. Dass dies nicht immer einfach war und ist, wissen auch wir, denn bei jeder Abgabe eines Blindenführhundes mussten auch wir Abschied nehmen. Das Schöne daran ist, die Gewissheit zu haben, dass er einem Sehbehinderten ein Stück Freiheit und Mobilität wiedergegeben hat.

Übernahme aller Kosten

Die Blindenführhundschule übernimmt alle anfallenden Kosten, die sich im Zusammenhang mit der Patenschaft ergeben. Für den Ankauf eines Welpen müssen mit je nach Rasse zwischen 500 und 1.500 Euro gerechnet werden. Bei selbstgezüchteten Welpen werden alle anfallenden Kosten für die Aufzucht gerechnet. Zusätzlich werden die Futter- und Tierarztkosten während der gesamten Laufzeit der Patenschaft sowie die Aufwendungen für das Durchführen der Welpen- und Erziehungsstunden durch die Blindenführhundschule übernommen. Dazu kommen noch die Erstgespräche mit den Patenfamilien, Besuche der Patenfamilien zu Hause sowie etliche Telefongespräche. Wir haben unseren Patenfamilien auch immer Informationsmaterial über die Aufzucht und Erziehung eines Welpen sowie eine Erstausstattung wie zum Beispiel Halsband, Leine, Schlafdecke und Transportbox für das Auto mitgegeben. Manche Blindenführhundschulen bezahlen den Patenfamilien auch einen Erfolgsbonus, wenn sich der Hund später als Blindenführhund einsetzen lässt.

Ratsam ist es auf alle Fälle, mit den Patenfamilien bei Übergabe des Welpen eine schriftliche Vereinbarung zu treffen, damit es später nicht zu Missverständnissen kommt, welche Kosten übernommen werden und welche nicht. Die Patenhunde bleiben weiterhin über unsere Führhundschule haftpflichtversichert und sind, genau wie ein ausgewachsener Blindenführhund, von der Hundesteuer befreit, was man aber im Einzelfall mit der zuständigen Ortsgemeinde abklären muss.

8 Einarbeitung

Die Einarbeitung des Sehbehinderten mit seinem Blindenführhund stellt hohe Anforderungen an den dafür vorgesehenen Mitarbeiter der Blindenführhundschule. Einerseits muss dieser Mitarbeiter ein umfangreiches Fachwissen über Hunde und zum anderen das notwendige Einfühlungsvermögen für den Sehbehinderten und dessen Situation mitbringen. Eine ideale Besetzung für diesen Teil der Blindenführhundarbeit ist somit sehr schwer zu finden, zumal diese Aufgabe natürlich auch viele Reisen mit sich bringt, da die Einarbeitung des Sehbehinderten zuerst am Ort der Blindenführhundschule und danach am Wohnort des Sehbehinderten stattfindet. Darüber hinaus verlangt diese Aufgabe ein hohes Maß an Eigenständigkeit und Verantwortungsbereitschaft. Es gibt nicht viele Menschen, die alle diese Eigenschaften in sich vereinen.

Lösbare Probleme bei der Einarbeitung

Die häufigsten Probleme bei der Einarbeitung liegen in dem zu Beginn der Einarbeitung fehlenden Vertrauen zum Hund oder an Kommunikationsschwierigkeiten zwischen Sehbehindertem und Blindenführhund. Diese Probleme lösen sich allerdings meist sehr schnell von alleine auf. Durch den täglichen Umgang des Sehbehinderten mit seinem Hund wächst meist sehr schnell eine gute Vertrauensbasis und die anfänglichen Kommunikationsschwierigkeiten nehmen durch die tägliche Arbeit miteinander stetig ab. Bei den auftretenden Problemen ist es ganz wichtig, dass der Sehbehinderte der Blindenführhundschule vertraut und die Anweisungen des Trainers umsetzt, damit die Probleme so schnell wie möglich gelöst werden. Dass bei einer Einarbeitung Probleme auftauchen, ist verständlich, denn Blindenführhundhalter und Blindenführhund müssen sich erst einmal aufeinander einspielen.

Bis ein Blindenführhundhalter mit seinem neuen Blindenführhund ein Team darstellt, kann ein halbes Jahr vergehen, wobei wir dabei davon ausgehen, dass der Blindenführhundhalter mit seinem Blindenführhund täglich einen oder mehrere Führgänge absolviert.

Als Trainer muss man bei der Einarbeitung darauf achten, dass der Blindenführhundhalter geduldig bleibt und den Hund nicht überfordert. Ein übertriebener Ehrgeiz des Blindenführhundhalters oder des Trainers sind bei einer Einarbeitung fehl am Platz. Der Trainer muss die täglichen Anfor-

derungen an das Führgespann deren Fähigkeiten und Belastbarkeit anpassen. Nur dann führt die Einarbeitung zum Erfolg und der Sehbehinderte kann danach sicher mit seinem Blindenführhund den alltäglichen Anforderungen entgegentreten.

Unlösbare Probleme bei der Einarbeitung

Zu den unlösbaren Problemen einer Einarbeitung, die zum Abbruch führen, zählt eine ungenügende Orientierung des Sehbehinderten. Der Sehbehinderte muss den Weg kennen, um dem Blindenführhund die richtigen Kommandos geben zu können. Nur dann kommen sie gemeinsam ans Ziel. Fehlt dem Sehbehinderten diese Orientierung oder wird diese Orientierung durch eine Hörbehinderung eingeschränkt, kann ihn auch der beste Blindenführhund nicht an sein Ziel bringen! Damit ein Sehbehinderter auch in einer fremden Stadt seinen Weg planen kann, gibt es spezielle Blinden-Stadtpläne, die sich ertasten lassen. Weiß er dann beispielsweise, dass er vom Bahnhof geradeaus und in die fünfte Querstraße abbiegen muss, hilft ihm der Hund dabei, den exakten Weg zu finden – die Richtung und die Straßenkarte muss der Sehbehinderte allerdings im Kopf haben.

Jetzt werden sich viele Leser fragen, warum man diese Orientierungsfähigkeit nicht bereits vor Abgabe eines Blindenführhundes testet. Dazu ist Folgendes zu sagen: Die Kostenträger verlangen vor Beantragung eines Blindenführhundes ein Mobilitätstraining. Das Mobilitätstraining ist dazu da, um dem Sehbehinderten verschiedene Techniken beizubringen, damit dieser in der Lage ist, sich besser zu orientieren. Dabei spielt es allerdings keine Rolle, wann das Training durchgeführt wurde. Darüber hinaus unterscheidet sich ein Mobilitätstraining mit einem Blindenstock erheblich von der Orientierung, die für einen Blindenführhund benötigt wird.

Beispielsweise haben wir die Bekanntschaft mit einem Sehbehinderten gemacht, der sich mit seinem Langstock sicher bewegen konnte, die Einarbeitung mit einem Blindenführhund aufgrund erheblicher Orientierungsschwierigkeiten jedoch abbrechen musste.

Die Orientierung mittels eines Blindenstockes erfordert Leitlinien wie zum Beispiel Bordsteine oder Hauswände, an denen man sich entlangtasten kann. Mit einem Führhund muss man andere Orientierungshilfen wie beispielsweise die Beschaffenheit des Untergrundes (Kopfsteinpflaster oder Betonboden) oder Veränderungen des Gehwegs wie z. B. Senken beachten.

Ein weiteres unlösbares Problem stellt sich, wenn die »Chemie« zwischen Blindenführhundhalter und Blindenführhund nicht stimmt. Dies kann bereits nach wenigen Tagen feststehen. Dann sollte die Einarbeitung sofort abgebrochen und ein anderer Hund für den Sehbehinderten gesucht werden. Da wir in unserer Schule den Blindenführhund bereits vor dem Ausbildungsbeginn dem Sehbehinderten vorstellen und während der gesamten Ausbildung den Kontakt mittels gemeinsamer Spaziergänge aufrecht erhalten, musste bisher keine Einarbeitung wegen fehlender »Chemie« abgebrochen werden.

Wie man aus den oben genannten Beispielen sieht, gibt es aus unserer Sicht nur zwei Gründe eine Einarbeitung abzubrechen. Dabei gehen wir davon aus, dass der Blindenführhund alle gelernten Kommandos beherrscht und den Sehbehinderten sicher führen kann. Alle anderen während der Einarbeitung auftretenden Probleme können gelöst werden, wenn der Sehbehinderte mit der nötigen Entschlossenheit an die Lösung des Problems herangeht und die Ratschläge der Blindenführhundschule umsetzt.

Berechtigte Erwartungen der Sehbehinderten an die Blindenführhundschule

Aus unserer Sicht kann ein Sehbehinderter folgende Erwartungen an die Blindenführhundschule stellen:

1. Einen gut ausgebildeten Blindenführhund zu erhalten, der alle Kommandos beherrscht.

2. Eine Einschulung (in Theorie und Praxis) von mindestens zwei Wochen Dauer.
3. Eine Mindestausstattung für den Blindenführhund (Führgeschirr, Kenndecke, Leine, Halsband, Näpfe, Futtersack, Bürste).
4. Hilfestellung bei auftretenden Problemen mit dem Blindenführhund.
5. Eine Pflegebetreuung des Blindenführhundes in der Blindenführhundschule bei Krankheit oder Abwesenheit des Sehbehinderten (gegen eine Aufwandspauschale).
6. Fachliche Kompetenz der Mitarbeiter einer Blindenführhundschule.

Wir haben die Versorgung eines Sehbehinderten mit einem Blindenführhund stets als Dienstleistung gesehen. Damit verbunden waren auch die Erfüllung der oben genannten Erwartungen und die permanente Fortbildung unserer Mitarbeiter, um dem von uns selbst gesetzten Qualitätsstandard stets gerecht zu werden.

Die Theorie in der ersten Einarbeitungswoche

Ein Schwerpunkt der Einarbeitung liegt in der Theorie. Wir vermitteln dem neuen Hundebesitzer all das, was er beim Umgang mit einem Hund wissen sollte. Hierzu gehören unter anderem das Erlernen und richtige Anwenden der einzelnen Hörzeichen. Außerdem geben wir Tipps zur Pflege, erläutern mögliche Krankheiten des Hundes, geben eine Einweisung in Erster Hilfe, sagen etwas zu Futter, Reisen, Rechtsgrundlagen oder dem Umgang in der Freizeit und dem Spiel mit anderen Hunden. Weiterhin geben wir nützliche Hinweise für den Besuch und die Nutzung öffentlicher Einrichtungen.

Als besonderen Service bieten wir zur besprochenen Theorie während der Einarbeitung verschiedene Medien zur Nacharbeitung an:

- Ordner mit Unterlagen in Schwarzschrift
  (für sehende Angehörige)
- CD mit Textdateien für den Computer
- Audio-CD mit dem vorgelesenen Inhalt der Theorie für den CD-Player

Die Praxis im Einarbeitungslehrgang

Der angehende Blindenführhundhalter verbringt die erste Woche seiner Einarbeitung, die in der Regel etwa zwei bis drei Wochen dauert, bei uns in der Blindenführhundschule. Seine Unterkunftskosten (Hotel etc.) sind in voller Höhe im Kaufpreis des Blindenführhundes enthalten und werden so von der Krankenkasse übernommen.

Während der Einarbeitung kann sich der Blindenführhund in seiner bisher gewohnten Umgebung einfacher auf seinen künftigen Wegbegleiter einlassen. Während der ersten Woche lernt der Sehbehinderte seinen Blindenführhund zu verstehen, liebevoll mit ihm umzugehen, ihn zu füttern und

Frau Weber mit Labrador Belle

zu pflegen. Dies hat den Vorteil, dass sich der Sehbehinderte ohne berufliche oder familiäre Belastung ganz auf seinen Hund konzentrieren kann.

Ist die erste Woche in der Blindenführhundschule erfolgreich absolviert, beginnt für das Gespann der »Ernst des Lebens«, denn die weitere Einarbeitung findet vor Ort am Zuhause des Sehbehinderten statt. Das »blinde Vertrauen« des Gespanns wird dort gefestigt.

Vor Ort erlernt der Blindenführhundhalter systematisch die gesamte Führarbeit, die einzelnen Übungen der ersten Woche werden nun wie ein Puzzle zusammengefügt. Angefangen von einfachen Spaziergängen bis zum Durchqueren der Stadt während des Berufsverkehrs, auch im Bahnhof, im Einkaufszentrum, beim Arztbesuch und im Restaurant lernt der Sehbehinderte, sich mit seinem Hund sicher zu bewegen.

Um eventuell auftretenden Schwierigkeiten während der ersten Zeit wirksam zu begegnen, besucht der Ausbilder den Blindenführhundhalter auch nach Beendigung der Einarbeitung mehrmals im Rahmen der Nachbetreuung. Wie oft und in welchen Abständen eine solche Nachbetreuung nötig sein wird, ist immer im Einzelfall zu entscheiden und auf die individuellen Bedürfnisse des Sehbehinderten abzustimmen.

Zum Abschluss der Einarbeitung erfolgt dann eine so genannte »Gespannprüfung«.

9 Gespannprüfung

Das Thema »Gespannprüfung« ist ein sehr spannender Teil des Blindenführhundbereiches. Es gibt einige Blindenführhundschulen, die mit diesem Thema gar nichts zu tun haben, weil sie grundsätzlich keine Gespannprüfung durchführen lassen. Das bedeutet, dass die Blindenführhunde von diesen Schulen nach Abschluss der Einarbeitung nicht geprüft werden, sondern ungeprüft ihren Dienst als Blindenführhund aufnehmen.

Hier sollten unserer Meinung nach die Kostenträger einen Riegel vorschieben, indem sie nur noch geprüfte Blindenführhunde bezahlen. Wenn die Kostenträger an der Gespannprüfung (die zwischen 300 und 1.000 Euro kosten kann) sparen und einen untauglichen Hund in den Einsatz entlassen, sparen sie am falschen Ende und gefährden das Leben und die Gesundheit des Sehbehinderten. Wir gehören zu den Schulen, die auf einer Gespannprüfung bestehen, und zwar aus mehreren Gründen: Zum einen wird die Qualität unserer ausgebildeten Hunde durch eine bestandene Gespannprüfung belegt und zum anderen wird nachgewiesen, dass der Blindenführhundhalter in der Lage ist, seinen Blindenführhund so zu instruieren, dass ihn dieser überall sicher hinführt. Dabei ist es wichtig, dass der Blindenführhundhalter den Hund während der Arbeit kontrolliert und wenn nötig korrigiert sowie den Hund lobt, wenn dieser seine Arbeit korrekt ausführt.

Viele Sehbehinderte sind vor einer Gespannprüfung sehr nervös und unsicher, da sie nicht wissen, wie der Prüfer den Ablauf der Gespannprüfung gestalten wird. Meist ist die Nervosität aber unbegründet, denn das Gespann wird erst zur Prüfung angemeldet, wenn der Trainer das Bestehen der Prüfung absehen kann.

Die Durchführung einer Gespannprüfung ist unserer Meinung nach jeder Schule unbedingt zu empfehlen, auch wenn der ein oder andere Kostenträger sie vielleicht gar nicht verlangen sollte – und zwar zur eigenen Absicherung! Denn sollte es passieren, dass der Sehbehinderte oder der Kostenträger bei einem später auftretenden Schaden oder Unfall vielleicht versuchen, die Blindenführhundschule für mangelhafte Ausbildung des Hundes haftbar zu machen (was durchaus denkbar wäre), hätte man zum einen vor Gericht einen Qualitätsnachweis und zum anderen juristisch gesehen eine Abnahme der vereinbarten Dienstleistung. Dazu muss man folgendes wissen: Zwischen Blindenführhundeschule und Kostenträger kommt im rechtlichen Sinne kein Kaufvertrag nach § 433 Abs. 2 BGB zustande, wie es z. B. beim üblichen Verkauf eines Welpen von Züchter an privat der Fall ist, sondern gemäß §§ 631 Abs. 1, 641 Abs. 1 BGB, ein so genannter Werkvertrag (siehe hierzu beispielsweise das Urteil des Landessozialgerichtes für Nordrhein-Westfalen mit dem Az: L 16 KR 129/01 vom 22. Mai 2002) .

Das Wesen eines Werkvertrages ist es, dass der Beauftragte nicht wie beim Kaufvertrag einfach die Übergabe einer Sache, sondern die erfolgreiche Durchführung einer Arbeit oder Dienstleistung (in diesem Fall die Ausbildung des Blindenführhundes) schuldet, wobei die Betonung auf »erfolgreich« liegt. Der Werkvertrag gilt als erfüllt, sobald der Auftraggeber die erbrachte Leistung abgenommen (akzeptiert) hat, und genau das geschieht mit der bestandenen Gespannprüfung (so geurteilt im bereits oben zitierten Gerichtsurteil) oder, wenn von Seiten des Kostenträgers auf eine Gespannprüfung verzichtet wurde, mit Zahlung des Kaufpreises. Stellt der Auftraggeber bei Abnahme irgendwelche Mängel (also in diesem Fall Schwächen des Führhundes) fest, so muss er diese schriftlich protokollieren und die Prüfung unter dem Vorbehalt abnehmen, dass die Mängel innerhalb eines bestimmten Zeitraumes nachgebessert werden. Tut er das nicht, gilt die Arbeit als abgenommen und der Werkvertrag als erfüllt, damit ist die Blindenführhundschule, was die Haftung betrifft, »aus dem Schneider«.

Natürlich ist immer zu bedenken, dass die Gespannprüfung nur eine Momentaufnahme des derzeitigen Leistungsstandes des Teams ist. Arbeitet der Sehbehinderte danach nicht konsequent mit seinem Hund weiter oder lässt er sich nach der Prüfung immer weniger führen, ändert sich auch das Gesamtbild drastisch. Auch aus diesem Grund ist die Nachbetreuung wichtig!

In diesem Zusammenhang entsteht noch ein weiteres rechtliches Problem, über das man Bescheid wissen sollte: Bei einem Werkvertrag gilt die gesetzliche Regelung, dass der Beauftragte (in diesem Fall die Blindenführhundschule) innerhalb der ersten sechs Monate nach Abnahme beweispflichtig ist, sollte ein Mangel geltend gemacht werden.

Nehmen wir als Beispiel dafür einmal folgenden Fall an: Der Hund hat die Gespannprüfung erfolgreich bestanden, wurde an den Sehbehinderten übergeben und der Kostenträger hat ihn bezahlt. Vier Monate später erleidet der Sehbehinderte einen schweren Unfall mit Invaliditätsfolge, weil ihn der Hund trotz fließenden Verkehrs auf die Straße führte. Der Anwalt des Sehbehinderten verklagt die Blindenführhundschule auf Schadenersatz und Schmerzensgeld mit der Begründung, die Ausbildung des Hundes sei mangelhaft gewesen. Die Blindenführhundschule muss in dieser Lage beweisen, dass dies nicht der Fall war und dass der Hund zum Zeitpunkt der Übergabe ordnungsgemäß ausgebildet war. Es geht also nicht darum zu beweisen, was der Sehbehinderte mit dem Hund in der Zwischenzeit falsch gemacht haben könnte, sondern die Führhundschule muss ausreichend darlegen können, dass ihre Ausbildung ordnungsgemäß war und sie die »im Verkehr übliche Sorgfalt« in der Ausbildung angewendet hat.

Dieser Nachweis ist nur möglich, wenn man die Ausbildung eines Hundes lückenlos dokumentieren kann – zum Beispiel mit einem Ausbildungsprotokoll oder sogar Videoaufnahmen. Ein weiteres Argument dafür, wie wichtig einheitliche Ausbildungsrichtlinien und Qualitätsstandards in der Blindenführhundausbildung für alle Beteiligten wären! Solange das nicht der Fall ist, kann man Blindenführhundschulen nur empfehlen, ihr eigenes Qualitätsmanagement zu betreiben, das heißt, sich selbst hohe Qualitätsstandards zu setzen, diese schriftlich als eine Art Ausbildungsordnung festzuhalten und die Ausbildung jedes Hundes zu dokumentieren. Außerdem muss natürlich jeder Ausbilder die vom Bundesministerium für Gesundheit veröffentlichten »Qualitätskriterien für Blindenführhunde« (siehe Anhang, Seite 123) kennen und befolgen.

Nach Ablauf der sechs Monate gilt das Prinzip der Beweislastumkehr, das heißt, fände der oben im Beispiel erwähnte Unfall sechs Monate oder noch später nach der Gespannprüfung statt, müsste der geschädigte Sehbehinderte der Blindenführhundschule nachweisen, dass sie in der Ausbildung mangelhaft und nicht ausreichend sorgfältig gearbeitet hat (was natürlich sehr schwer ist).

Wer darf eine Gespannprüfung durchführen?

Gespannprüfer sind meistens Mobilitätstrainer, die beim Berufsverband BOMBS registriert und vom DBSV (Deutscher Blinden- und Sehbehinderten Verband) anerkannt sind. Sie haben zusätzlich zu einer pädagogischen Vorbildung eine spezielle Schulung durchlaufen und ihre Anschriften sind in einer Liste erfasst, die den Krankenkassen vorliegt. Trotzdem ist auch der Gespannprüfer genau wie der Blindenführhundtrainer kein offiziell anerkannter Beruf mit geregelter Ausbildungsordnung oder einheitlichen Ausbildungsstandards, so dass theoretisch jeder, der irgendeinen Wochenendlehrgang zum Gespannprüfer absolviert hat, sich Gespannprüfer nennen und Prüfungen abnehmen darf. Auch das ist natürlich ein Problem, da es auf diese Weise möglich ist, dass Prüfer bestellt werden, die viel zu wenig Fachwissen über Hunde im Allgemeinen und Blindenführhunde im Besonderen haben.

Kompetenz als Mobilitätstrainer und/oder Hundefachmann

Die Beurteilung der Fähigkeiten eines Gespannprüfers ist immer schwierig, weil jeder andere Anforderungen an die Fähigkeiten eines Prüfers stellen wird. Daher können wir eine solche Beurteilung nur aufgrund unserer eigenen Erfahrungen vornehmen.

Wir haben in der Zeit unseres Bestehens sehr viele verschiedene Gespannprüfer kennen gelernt, von denen etwa zwei Drittel Mobilitätstrainer und ein Drittel Hundefachleute waren. Bei der Beurteilung der Kompetenz von Mobilitätstrainern als Gespannprüfer muss man die Unterscheidung treffen, ob diese Mobilitätstrainer mit Hunden Erfahrung haben oder nicht. Die uns bekannten Gespannprüfer sind Mobilitätstrainer, die sicherlich schon viele Hunde gesehen haben, aber deren Wissen in der Beurteilung des Verhaltens eines Hundes sowie dessen Körpersprache begrenzt ist. Dabei werden oftmals die offensichtlichsten Körpersignale des Hundes falsch gedeutet oder gar nicht bemerkt. Beispielsweise wird die Stellung der Rute gar nicht beachtet und schon gar nicht beurteilt.

Darüber hinaus führen manche Gespannprüfer regelrechte Schnitzeljagden mit dem Blindenführhund durch. Dies muss man sich so vorstellen, dass der Gespannprüfer im Laufschritt am Blindenführhund vorbeiläuft, zwei Meter vor dem Blindenführhund stoppt und eine Stange heraushält, die der Blindenführhund dann als Höhenhindernis erkennen und verweigern soll. Dass ein Blindenführhund solch eine Aktion des Prüfers nicht ernst nimmt, versteht sich von selbst. Natürlich muss die sichere

Verweigerung bei Höhenhindernissen geprüft werden, aber doch nicht auf diese Weise! Es gibt in einer Stadt genug »echte« Höhenhindernisse, die der Hund verweigern kann.

Wir würden es für sinnvoll erachten, wenn ein Gespannprüfer den praktischen Umgang mit einem Hund nachweisen müsste, um diese Aufgabe wahrzunehmen. Dafür wäre es sinnvoll, beispielsweise ein Praktikum in einer Blindenführhundschule zu absolvieren, um den Umgang und die Körpersprache eines Hundes zu erlernen. Dabei bietet sich sicher auch die Möglichkeit, eigene Erfahrungen mit einem ausgebildeten Blindenführhund zu sammeln. Den oben genannten Ausführungen kann man entnehmen, dass wir mit Mobilitätstrainern, die keine praktische Hundeerfahrung haben, bisher keine so guten Erfahrungen gemacht haben. Es gab bisher nur eine Ausnahme. Leider können wir uns den Gespannprüfer nicht aussuchen, da die Auswahl von der Krankenkasse getroffen wird, trotzdem sind wir von der Beurteilung des Gespannprüfers abhängig.

Mit Gespannprüfern, die Hundefachleute sind, haben wir nur positive Erfahrungen gemacht. Dabei waren die Erfahrungen dieser Gespannprüfer auf eine breite Basis gestellt. Zum einen hatten sie Erfahrung mit Sehbehinderten und zum anderen haben sie bereits mehrere Jahre selbst Hunde ausgebildet und beurteilt. Diese Kombination halten wir für ideal, um ein Gespann von beiden Seiten (hinsichtlich des Hundeführers und auch der Leistungen des Blindenführhundes) einzuschätzen. Bei diesen Gespannprüfungen mussten wir immer feststellen, dass die Prüfung an den reellen Gegebenheiten erfolgte und die Prüfungsdauer der Leistungsfähigkeit des Sehbehinderten mit seinem Blindenführhund angepasst wurde, im Unterschied zu den Mobilitätstrainern, die meist die Prüfung nicht individuell, sondern immer gleich lang durchführten, ohne dabei auf die besonderen Bedürfnisse des Sehbehinderten einzugehen. Der Prüfer sollte beispielsweise einen älteren Sehbehinderten mit zusätzlichen Erkrankungen nicht einem dreistündigen Prüfungslauf unterziehen, wenn nach der Hälfte der Strecke klar erkennbar ist, dass das Gespann seine Wege findet und alle Situationen meistert. Statt die Prüfung zu beenden, wurde dieses Gespann nochmals anderthalb Stunden lang auf fremden Wegen geprüft und in fremde Kaufhäuser geschickt, um die Flexibilität des Gespanns zu beurteilen. Das halten wir für übertrieben, darüber hinaus beweist es auch eine mangelnde Beurteilungsfähigkeit des Gespannprüfers.

Nach einer solchen Gespannprüfung, die von einem Mobilitätstrainer durchgeführt wurde, ist es wohl leicht nachzuvollziehen, dass wir Hundefachleute als Gespannprüfer bevorzugen.

Wann ist die Durchführung der Prüfung sinnvoll?

Es wäre sicherlich sinnvoll, dem Gespann noch einige Wochen Zeit zu geben, um sich im Alltag zurechtzufinden und erst danach eine Gespannprüfung durchzuführen. Allerdings ist dies praktisch nicht umsetzbar, weil die Kostenträger ja erst nach Abschluss der Gespannprüfung die Rechnung für den Blindenführhund bezahlen. Würden die Kostenträger dergestalt entgegenkommen, dass sie die Bezahlung mit Vorbehalt einer erfolgreich abgeschlossenen Gespannprüfung vornehmen, dann wäre dies umsetzbar.

Ein Argument spricht allerdings für eine Gespannprüfung nach der Einarbeitung: Nicht alle Sehbehinderten sind im weiteren Umgang mit ihren Blindenführhunden konsequent, was zur Folge haben kann, dass die Führleistung des Hundes nachlässt. Sollte die Gespannprüfung erst fünf Monate nach der Einarbeitung abgelegt werden, ist es möglich, dass der Blindenführhund aufgrund des inkonsequenten Umgangs einige an ihn gestellte Aufgaben nicht mehr erfüllt. Der Hund hat die Aufgabe nicht vergessen, sondern verweigert das Ausführen der Übung, da sich der Sehbehinderte nicht mehr durchsetzt. Diese Erfahrung können wir durch unsere regelmäßigen Nachbetreuungstermine bei den Sehbehinderten bestätigen. Bei dieser Nachbetreuung wird sehr schnell durch die gezeigte Führarbeit deutlich, ob der Sehbehinderte konsequent im Umgang mit seinem Hund war. Als Zeitpunkt für die Gespannprüfung würden wir demnach ein bis zwei Monate nach der Einarbeitung für optimal erachten, wenn denn der Kostenträger zur vorherigen Bezahlung unter Vorbehalt bereit wäre.

Anforderungen an den Blindenführhund und dessen Führer

Beispiele für Prüfungsabläufe

Der Prüfungsablauf gestaltet sich, je nachdem welcher Prüfer die Prüfung abnimmt, sehr unterschiedlich. Einige Prüfer legen besonderen Wert darauf, dass der Sehbehinderte nur die Wege geht, die er auch im Alltag zurücklegen würde. Andere Prüfer denken sich nur für die Prüfung fremde Wegstrecken aus, die der Sehbehinderte dann mit seinem Hund bewältigen muss. Und dann gibt es noch die Prüfer, die beides kombinieren, indem sie das Gespann zuerst einen bekannten Weg und danach eine unbekannte Strecke zurücklegen lassen. Manchen Prüfern reichen die natürlichen Gegebenheiten des Alltags (also die vorhandenen Hindernisse und Ablenkungen) aus, andere stellen während der Prüfung Hindernisse auf oder organisieren eine Ablenkung, indem sie zum Beispiel auf der Straße spielende Kinder bitten, vor dem Blindenführhund mit einem Ball zu spielen. Daneben sind auch die Prüfungsdauer und die Inhalte von Prüfer zu Prüfer unterschiedlich.

Die Prüfungsdauer reicht von anderthalb bis zu fünf Stunden. Bei den Prüfungsinhalten legen manche Prüfer besonderen Wert darauf, dass der Sehbehinderte fremde Strecken meistern kann, andere Prüfer legen Wert darauf, dass der Hund Unfälle im Zusammenhang mit Abgründen, dem fließenden Verkehr oder Treppen verhindert.

Wir sehen die Zusammenarbeit zwischen Sehbehindertem und Hund als wichtigsten Grundstein für eine gute Führarbeit an. Nur wenn der Sehbehinderte in der Lage ist, seinem Blindenführhund zu vertrauen und ihm die Führung zu überlassen, ihn aber gleichzeitig zu kontrollieren, ohne die Führung zu übernehmen - dann ist der Grundstein für eine gute Zusammenarbeit gelegt.

Konsequenz bei nicht bestandener Prüfung

Bei einer nicht bestandenen Prüfung besteht die Möglichkeit einer Nachschulung des Gespanns mit einer erneuten Prüfung. Es kommt allerdings auch darauf an, warum das Gespann bei der Prüfung durchgefallen ist. Wurde die Prüfung deshalb nicht bestanden, weil der Blindenführhund den Sehbehinderten in eine gefährliche Situation gebracht hat oder der Sehbehinderte sogar dabei verletzt wurde, dann muss der Prüfer entscheiden, ob dieser Blindenführhund überhaupt noch einmal zu einer Prüfung zugelassen wird. Wenn die Prüfung aufgrund kleinerer Mängel (die nachschulbar sind) nicht bestanden wurde, wird eine Nachschulung stattfinden und danach eine erneute Prüfung durchgeführt werden. Wir sind sehr stolz darauf, dass alle unsere Blindenführhunde die erste Gespannprüfung bestanden haben, so dass wir die Konsequenzen einer nicht bestandenen Prüfung nie kennen gelernt haben.

10 Nachbetreuung

Die von uns zugesicherte Nachbetreuung umfasst insgesamt vier Trainingstage beim Sehbehinderten vor Ort. Die Kosten für diese Nachbetreuungstage sind mit den bereits bezahlten Kosten durch der Kostenträger abgedeckt, wir haben sie vorher bereits in unsere Preiskalkulation für den Endpreis des Führhundes mit eingerechnet.

Die Nachbetreuungstage werden bei uns individuell, also nach den Bedürfnissen des jeweiligen Sehbehinderten vereinbart. Dies hat den Vorteil, dass sich der Sehbehinderte die Nachbetreuungstage so lange aufheben kann, bis er ein Problem mit dem Blindenführhund hat, das er alleine nicht lösen kann. Sollten alle Nachbetreuungstage bereits stattgefunden haben, aber ein Bedarf zur Nachbetreuung bestehen, wird von der zuständigen Krankenkasse des Sehbehinderten eine Kostenzusage eingeholt. Solche zusätzlichen Nachschulungen werden meist nur dann genehmigt, wenn der Sehbehinderte ein Problem mit seinem Führhund hat, das die Sicherheit des Gespanns gefährdet – beispielsweise, wenn der Führhund von einem anderen Hund während der Führarbeit angegriffen und gebissen wurde und nun aggressiv auf andere Hunde reagiert oder wenn der Führhund ein Hörzeichen verlernt hat, weil der Sehbehinderte dieses Hörzeichen drei Jahre nicht gebraucht hat, nun aber umgezogen ist und das Hörzeichen nun wieder benötigt (wie »Such Zebra« oder »Such Ampel«).

Die Nachbetreuung sehen wir als wesentlichen Bestandteil bei der Abgabe eines Blindenführhundes. Nur durch die regelmäßige Kontrolle des Gespanns können Fehler entdeckt und im Ansatz berichtigt werden. Es bedarf meist eines längeren Zeitraums, um erst einmal eingeschliffene Führfehler wieder gänzlich zu beheben.

Eines der häufigsten Probleme, die eine Nachbetreuung erfordern, ist das Anbellen oder Hinziehen des Blindenführhundes im Führgeschirr zu anderen Hunden. Dieses Verhalten kann entweder daher kommen, dass der Blindenführhund keinen Sozialkontakt zu anderen Hunden hat, der Blindenführhundhalter nicht konsequent mit dem Blindenführhund umgeht oder der Blindenführhundhalter auf die täglich notwendige Unterordnung keinen Wert mehr gelegt hat und der Hund somit die Führungsrolle übernommen hat.

Unter einer täglich notwendigen Unterordnung verstehen wir, dass der Hund »Sitz« und »Platz« auf einmaliges Kommando ausführt, an lockerer

Leine »bei Fuß« geht und im Freilauf bei jeglicher Ablenkung wie andere Hunde, Tiere oder Menschen abrufbar ist.

Da dieses Fehlverhalten erst nach einem längeren Zeitraum beim Blindenführhundhalter gezeigt wird und vorher nicht bestand, muss dies mit dem täglichen Umgang zwischen Blindenführhundhalter und Blindenführhund zusammenhängen. Dieses Beispiel zeigt, dass der Erfolg eines Gespanns immer zu einem Teil vom Blindenführhundhalter und dessen täglichem Umgang mit seinem Hund und zum anderen Teil von den Qualitäten und der Ausbildung des Blindenführhundes abhängt.

Oft reichen schon ein bis zwei Trainingstage aus, um dem Blindenführhundhalter die Korrekturmöglichkeiten aufzuzeigen und das Fehlverhalten in den Griff zu bekommen. Der Blindenführhundtrainer muss bei diesen Nachbetreuungen auch immer auf die individuellen Möglichkeiten des Sehbehinderten und seines Hundes eingehen. Dies erfordert ein hohes Maß an Erfahrung im Umgang mit Menschen und Hunden. Die Nachbetreuung kann als erfolgreich bezeichnet werden, wenn sich der Blindenführhundhalter danach wieder sicher mit seinem Hund bewegen und ihn korrigieren kann. Voraussetzung dafür ist natürlich, dass der Blindenführhundhalter unsere Anweisungen und Tipps im täglichen Umgang mit dem Hund umsetzt und dem Blindenführhund neben der Führarbeit auch genügend Freizeit zum Freilauf, Spiel mit anderen Hunden und Streicheleinheiten gewährt.

Tanja Kohl, Florian Müller und Blindenführhund Nelly

11 Erfahrungen mit den Medien

Unsere Erfahrungen mit der Presse sind unterschiedlich. Meistens kommt es der Presse auf einen emotionalen Bericht an, der die Herzen der Zuschauer ansprechen soll. Dabei wird oft vergessen, dass die Wirklichkeit aber nicht immer so aussieht, wie die Presse sie gerne zeigen würde und dass ein Blindenführhund nun mal kein Schauspieler ist, sondern seiner Aufgabe nachgeht. Natürlich gibt es auch Ausnahmen.

So drehte beispielsweise ein Fernsehteam bei uns den normalen Trainingsgang eines Blindenführhundes mit seinem Sehbehinderten. Dabei wurden weder Szenen wiederholt noch wurde der Dreh abgebrochen, wenn der Sehbehinderte seinen Hund korrigieren und die soeben durchgeführte Straßenüberquerung nochmals wiederholen musste. Der so entstandene Film zeigt den wirklichen Alltag mit einem Blindenführhund. Fernsehteams, die das Aufsuchen einer Ampel fünf Mal wiederholen wollten, konnten wir davon überzeugen, dass eine solche Übung von dem Hund nicht mehr ernst genommen wird (da dieser nach dem ersten korrekten Anzeigen der Ampel nicht versteht, warum dieselbe Ampel noch fünf Mal angezeigt werden soll, ohne die Straße zu überqueren, denn damit entfällt der Sinn des Anzeigens). Der Sehbehinderte macht sich als Hundeführer unglaubhaft, wenn er das Aufsuchen der Ampel nicht auch mit der Straßenüberquerung abschließt. Bisher haben fast alle Mitarbeiter der Presse diese Ausführungen nachvollziehen können.

In der letzten Zeit haben wir oft Gebrauch davon gemacht, die örtliche Presse über die Abgabe eines Blindenführhundes zu informieren. Dies hat den Vorteil, dass alle Mitbürger über die Zeitung erfahren, wie sie sich gegenüber dem Gespann verhalten sollen. Insbesondere wird anderen Hundehaltern empfohlen, ihren Hund an die Leine zu nehmen und das Gespann zügig zu passieren. Für den Sehbehinderten ist es eine große Erleichterung, wenn er sich nicht täglich mit freilaufenden Hunden und deren uneinsichtigen Besitzern auseinandersetzen muss.

Die Vorstellungen der Presse im Gegensatz der Blindenführhundschule im Vergleich

Die Presse möchte den Blindenführhund meistens als Freund und Helfer des Sehbehinderten darstellen, der dessen Mobilität steigert. Es wird dabei nicht erwähnt, dass ein Blindenführhund seine Aufgabe nicht aus Liebe

zum Sehbehinderten übernimmt, sondern weil er in seiner Ausbildung gelernt hat, einen blinden Menschen immer sicher zu führen.

Ebenso wenig Interesse wird der ausbildenden Blindenführhundschule und einer eventuell durchgeführten qualitätsüberprüfenden Gespannprüfung geschenkt. Es wäre schön, wenn die Presse alle Seiten der Blindenführhundversorgung durchleuchten würde. So auch die Fragen, warum es keine Qualitätsstandards für die Ausbildung von Blindenführhunden gibt, warum jeder eine Blindenführhundschule eröffnen könnte (ohne jeglichen Nachweis der fachlichen Qualifikation), warum eine Schule sechs bis acht Monate und eine andere nur drei bis vier Monate für die Ausbildung benötigt, warum viele Blindenführhunde bereits nach zwei- bis dreijähriger Arbeit aus Gesundheitsgründen aus dem Dienst ausscheiden müssen und warum jeder Sehbehinderte einen Blindenführhund von der Krankenkasse bewilligt bekommt (ohne eine vorherige Einschätzung seiner Fähigkeiten, einen Hund zu führen). Es ist schade, dass all diese interessanten Fragen nie gestellt und veröffentlicht werden.

Wie wäre es in diesem Zusammenhang mit einem unabhängigen Qualitätsprüfer für Blindenführhundschulen, der Qualitätssterne vergibt? Vielleicht wäre dies ein Schritt in die richtige Richtung, um mehr Klarheit in die Blindenführhundversorgung zu bringen.

Umsetzung (Machbarkeit) und Grenzen

Bei Dreharbeiten haben wir immer darauf geachtet, dass das Gespann in seiner Arbeit so wenig wie möglich gestört und der Trainingsablauf nicht beeinflusst wird. Darüber hinaus hatte unser Darsteller (der Sehbehinderte und dessen Blindenführhund) die Entscheidungsmöglichkeit, ob er überhaupt gefilmt werden möchte und ob er zusätzlich zu einem Interview bereit steht. Meistens fühlten sich die Sehbehinderten geehrt, dass sie ins Fernsehen kommen und sahen dies als Chance, anderen Menschen Mut zu machen. Bei der Umsetzung schritten wir nur dann ein, wenn der Sehbehinderte und/oder sein Hund überfordert wurden oder das Fernsehteam entgegen der vorherigen Absprache eine Szene zigmal nachdrehen wollte. Meistens sahen die Beteiligten ihre Übereifrigkeit ein und fanden einen natürlichen Ablauf des Trainings dann doch spannender als einen perfekten Führgang (der aus allen Blickwinkeln gefilmt worden ist).

Öffentlichkeitsarbeit

Zur Öffentlichkeitsarbeit zählen wir Informationsveranstaltungen und Messen, an denen wir mit einem Informationsstand auf die Arbeit der Blindenführhunde hinweisen. Dabei sehen wir unsere Aufgabe darin, die Menschen über die Fähigkeiten eines Blindenführhundes aufzuklären und darüber, wie man einem Führgespann begegnen sollte – insbesondere die gebotene Rücksichtnahme gegenüber dem Sehbehinderten und seinem Hund möchten wir betonen. Viele Menschen meinen es mit dem Sehbehinderten und dessen Hund zu gut und greifen einfach in die laufende Führarbeit ein. Der hilfsbereite Mensch ist sich nicht bewusst, dass dieser Eingriff den Sehbehinderten stark verwirrt und dessen Orientierung darunter leidet. Sollte man einem Blindenführhundgespann begegnen, sind folgende Regeln zu beachten:

1. Den Blindenführhund nicht locken, füttern oder in sonstiger Weise von seiner Arbeit ablenken.
2. Seinen eigenen Hund an die Leine nehmen und zügig am Blindenführhund vorbeigehen.
3. Den Sehbehinderten zuerst fragen, ob und in welcher Form er Hilfe benötigt (es ist beispielsweise möglich, dass der Blindenführhund einer fremden Person folgt), wenn der Sehbehinderte das entsprechende Kommando gibt.
4. Niemals in das Führgeschirr greifen oder den Sehbehinderten am Arm nehmen und ihn samt Hund wegzerren (dies geschieht oft bei Straßenüberquerungen).

Werden diese Regeln beherzigt, kommt der Sehbehinderte ungestört an sein Ziel. Die oben genannten Verhaltensregeln sollen natürlich nicht dazu führen, dass jeglicher Kontakt zum Sehbehinderten unterbleibt. Viele Sehbehinderte freuen sich, wenn man Interesse an ihnen und ihrem Blindenführhund bekundet und mehr darüber wissen möchte. Dies ist umso schöner, wenn dieser Informationsaustausch so erfolgt, dass der Sehbehinderte in seiner Führarbeit nicht gestört wird. Die beste Möglichkeit, über die Arbeit eines Blindenführhundes mehr zu erfahren, besteht in öffentlichen Verkehrsmitteln (beispielsweise bei einer längeren Bus- oder Zugfahrt des Gespanns).

12 Entwicklungen im Blindenführhundwesen

Die Entwicklungen im Blindenführhundwesen sind weitestgehend von den vorhandenen Einsparungsbestrebungen der Kostenträger geprägt. Diese Entwicklung macht uns Sorge, weil sie dazu führt, dass sich der Sehbehinderte bald nicht mehr die Blindenführhundschule seines Vertrauens aussuchen kann (weil die vielleicht etwas teurer und qualitätsbewusster ist) oder gezwungen ist, eine hohe Zuzahlung zu den Kosten zu leisten, um den Blindenführhund seiner Wahl zu erhalten. Die gesetzlichen Krankenkassen begrenzen seit einiger Zeit ihre Kostenzusage regelmäßig auf Höchstbeträge. Diese reichen jedoch nicht für die Versorgung eines qualitativ gut ausgebildeten Blindenführhundes unter Einhaltung der Qualitätskriterien aus! Die Kostengrenze ist oft ohne sachlichen Hintergrund festgesetzt, ein Qualitäts- und Leistungsvergleich der verschiedenen Blindenführhundschulen findet erst gar nicht statt. Selbst mit der nun häufiger durchgeführten Gespannprüfung lässt sich eine objektive Beurteilung nicht immer durchführen, wie wir bereits gesehen haben. Sachbearbeiter sind oft nicht geschult, betreuen das Gebiet der Hilfsmittel aus Überlastung nebenbei und können somit eine kompetente und zügige Bearbeitung nicht gewährleisten. Nach dem Motto »Geiz ist geil« liefern sich die Krankenkassen einen regelrechten Wettbewerb: Wo gibt es den billigsten Blindenführhund in Deutschland? Kaufen, nein, wir schauen mal, ob man so einen Hund nicht auch als »Leasingmodell« mieten kann. Dass der ein oder andere Leistungserbringer seine Schule schließt, scheint den Verantwortlichen noch zu Gute zu kommen.

Damit nicht genug – leider sehen manche Kostenträger ihre Versicherten nicht als Kunden und behandeln sie auch nicht wie Kunden, sondern wie lästige Bittsteller. Mit ihren Beiträgen sollen sie Geld in die Kassen bringen, dürfen aber am besten keinen Aufwand und schon gar keine Kosten verursachen. Der Solidargemeinschaft zuliebe! Durch die Änderungen der Gesundheitsreform ist dies in 2004 mit einem schwarzen Plus bereits gelungen. Traurige Perspektiven, wenn manche Krankenkassen inzwischen sogar die Auffassung vertreten, eine generelle Erforderlichkeit der Blindenführhundversorgung sei nicht gegeben, da die Versorgung mit technischen Hilfsmitteln (wie z. B. dem Blindenstock) ausreichend sei. In vielen Fällen ist eine solche Auffassung Gott sei Dank rechtswidrig, wie verschiedene neuere Gerichtsurteile belegen: Die Krankenkassen sind an die leistungsrechtlichen Vorschriften des Sozialgesetzbuches gebunden, die im folgenden Abschnitt erläutert werden.

Definition der Versorgung mit dem Hilfsmittel Blindenführhund

Bei der Versorgung mit Hilfsmitteln handelt es sich um eine Regelleistung, auf die ein Rechtsanspruch besteht. Für die Erbringung von Hilfsmitteln ist diejenige Krankenkasse leistungspflichtig, bei der am Tag der Abgabe des Hilfsmittels ein Versicherungsverhältnis besteht. Versicherte in der gesetzlichen Krankenversicherung haben Anspruch auf die Versorgung mit Hilfsmitteln, die im Einzelfall erforderlich sind, um den Erfolg der Krankenbehandlung zu sichern, einer drohenden Behinderung vorzubeugen oder eine Behinderung auszugleichen, soweit die Hilfsmittel nicht als allgemeine Gebrauchsgegenstände des täglichen Lebens anzusehen oder nach § 34 Abs. 4 SGB V ausgeschlossen sind. Die Hilfsmittel müssen dem Einzelfall, das heißt nach den individuellen (körperlichen und geistigen) Verhältnissen des Versicherten, angepasst sein, um den Erfolg einer Krankenbehandlung zu sichern oder eine Behinderung auszugleichen.

Das Hilfsmittel muss nicht unbedingt der Wirkungsweise der natürlichen Körperfunktion (z. B. dem Sehen) entsprechen. Auch Produkte, die auf andere Weise – gegebenenfalls auch losgelöst vom Körper wie etwa der Blindenführhund (Ausgleich hinsichtlich der fehlenden Orientierungsmöglichkeit) – eine beeinträchtigte oder ausgefallene Körperfunktion übernehmen, können Hilfsmittel sein.

Ein Hilfsmittel ist dann erforderlich, wenn sein Einsatz zur Lebensbewältigung im Rahmen der allgemeinen Grundbedürfnisse benötigt wird.

Dazu gehören

- die körperlichen Grundfunktionen (z. B. Gehen, Stehen, Treppensteigen, Sitzen, Liegen, Greifen, Sehen, Sprechen, Hören, Nahrungsaufnahme, Ausscheidung),
- die allgemeinen Verrichtungen des täglichen Lebens (z. B. die elementare Körperpflege, das An- und Auskleiden, das selbstständige Wohnen, die Möglichkeit, die Wohnung zu verlassen und die Stellen zu erreichen, an denen Alltagsgeschäfte zu erledigen sind),
- die Erschließung eines gewissen körperlichen und geistigen Freiraums (z. B. die Aufnahme von Informationen, die Teilnahme am gesellschaftlichen Leben, das Erlernen eines lebensnotwendigen Grundwissens [Schulwissens] sowie die Integration eines behinderten Kindes in die Gruppe Gleichaltriger).

Privatversicherte oder Sehbehinderte, die ihren Blindenführhund von einer Versicherung (z. B. Berufsgenossenschaft/Haftpflichtversicherung) bezahlt bekommen, haben selten Probleme, zu einer von ihnen selbst ausgesuchten Blindenführhundschule zu gehen. Darüber hinaus erfolgt auch die Abwicklung und Bezahlung der Kosten bei Privatversicherten meist sofort nach Auslieferung des Blindenführhundes und nicht erst 28 Tage nach dem Bestehen der Gespannprüfung (die nach Ansicht der Kostenträger erst nach vielen Wochen Eingewöhnung stattfinden soll).

Diese Punkte werden zusammengenommen sicherlich irgendwann dazu führen, dass sich manche Blindenführhundschulen bevorzugt Privatversicherte als Blindenführhundanwärter heraussuchen werden. Dies ist das Tragische an dieser Entwicklung, da eine gleichberechtigte Versorgung somit in den Hintergrund gestellt wird.

Über die Entwicklung in den nächsten Jahren lässt sich nur spekulieren. Es bleibt nur zu hoffen, dass die betroffenen Sehbehinderten sich weiterhin frei für die von ihnen gewünschte Blindenführhundschule entscheiden können und die Kosten dann in voller Höhe durch den betreffenden Kostenträger übernommen werden. Die Anschaffung eines Blindenführhundes ist eine Vertrauenssache zur ausbildenden Blindenführhundschule und sollte es auch bleiben.

Die Qualität der Blindenführhundversorgung muss oberstes Ziel sein!

Gründung der »Interessengemeinschaft qualitätsgeprüfter Blindenführhundschulen e.V.«

Wegen der uneinheitlichen Vorgehensweisen der Krankenkassen, Gespannprüfer und Blindenverbände beziehungsweise der zurzeit herrschenden Unsicherheiten der Führhundinteressenten und letztendlich auch der Blindenführhundschulen haben wir uns mit verschiedenen Blindenführhundschulen im Frühjahr 2004 zur »Interessensgemeinschaft qualitätsgeprüfter Blindenführhundschulen e.V.« zusammengeschlossen, weil wir überzeugt sind, dass nur in der Gemeinschaft etwas zum Besseren bewegt werden kann.

In unserer Interessengemeinschaft haben sich derzeit 8 Blindenführhundschulen zusammengefunden, die im ganzen Bundesgebiet angesiedelt sind und sich der Qualitätssicherung und -steigerung der Blindenführhundausbildung verschrieben haben.

Die Mitgliedsschulen arbeiten auch weiterhin wirtschaftlich unabhängig voneinander, versuchen jedoch in allen Bereichen des Führhundwesens zusammenzuarbeiten und die derzeitige Situation rund um das Thema »Blindenführhund« zu verbessern, und zwar in folgenden Punkten:

- Streben nach einer engeren und effektiveren Zusammenarbeit zwischen Leistungserbringern und Leistungsträgern sowie deren Landesverbänden oder -vertretungen, den Orientierungs- und Mobilitätstrainern und den Blindenselbsthilfeverbänden.
- Einführung einer Qualitätsprüfung vor der Übergabe des Führhundes an die blinde bzw. sehbehinderte Person entsprechend den Anforderungen der späteren Gespannprüfung.
- Ausarbeitung von verbindlichen Grundlagen für das Berufsbild des Blindenführhundtrainers.
- Schaffung von Info-Seminaren zum Themenbereich »Blindenführhundausbildung und Schulung/Nachbetreuung von Blindenführhundgespannen« für die Mitarbeiter der Hilfsmittelkompetenzzentren, der O&M-Trainer und für Führhundinteressenten und Führhundhalter.
- Selbstverpflichtung der IG-Mitgliedsschulen zur regelmäßigen (kynologischen) Weiterbildung.
- Aus- und Weiterbildung künftiger und bereits anerkannter Gespannprüfer durch die IG- Mitgliedsschulen in Zusammenarbeit mit den Orientierungs- und Mobilitäts-Trainern und den Blindenselbsthilfeverbänden.

Durch die selbst auferlegte Qualitätskontrolle der Schulen haben die zukünftigen Führhundhalter schon vor der Einarbeitung eine aussagekräftige und fachkundige Beurteilung über die Führleistung des zukünftigen Hundes. Durch die angestrebte Schaffung eines Berufsbildes »Blindenführhundausbilder« wird es in absehbarer Zeit für »schwarze Schafe« unter den Blindenführhundschulen schwieriger werden, schlecht ausgebildete Hunde zu verkaufen. Derzeit stellen die teils einseitige, teils mangelnde und teils widersprüchliche Information von Führhundinteressenten und Führhundhaltern eines der größten Probleme dar. Durch die Einrichtung von schulübergreifenden, bundesweiten Treffen soll eine Plattform geschaffen werden, auf der sich Führhundinteressenten, Führhundhalter, Selbsthilfeverbände/-vereine, Führhund-Ausbilder, Gespannprüfer und O&M-Trainer persönlich austauschen können.

14 Aus dem wahren Leben: Erfahrungsberichte

Erfahrungsberichte von Blindenführhundhaltern

Erfahrungsbericht Karl Matthias Schäfer mit Labrador Cross

Schon einige Jahre lang beschäftigte ich mich mit dem Gedanken, mir einen Blindenführhund zuzulegen. Allerdings glaubte ich, dass in meinem Leben für ein zusätzliches Lebewesen, um das ich mich kümmern müsste, kein Platz sei. Hatte ich doch mit mir genug zu tun, um Familie und Beruf gerecht zu werden. Also pflügte ich mit meinem Blindenlangstock durch die Weltgeschichte. Das Gehen mit dem Langstock erfordert jedoch sehr viel Konzentrationsfähigkeit und ich vermisste zunehmend die Möglichkeit, auch als blinder Mensch einmal entspannt spazieren zu gehen, ohne dass dies gleich in Arbeit ausartet.

Eines Tages erhielt ich per Post ein Faltblatt mit Infokassette einer Blindenführhundschule und fühlte nach Anhören der Infokassette das Bedürfnis, mich doch etwas intensiver mit dem Thema Anschaffung eines Führhundes zu befassen. Ich vereinbarte also kurzerhand einen Termin.

Ich hatte mir fest vorgenommen, mehrere Schulen zu besuchen. Nachdem aber gleich beim ersten Treffen meine Fragen kompetent beantwortet wurden und ich merkte, dass ich in guten Händen war, beließ ich es bei dem Besuch der einen Führhundschule. Wieder zuhause galt es, meine Frau zu überzeugen, was überraschend schnell gelang. Nach einem weiteren Besuch mit der ganzen Familie beantragte ich bei meiner Krankenkasse die Kostenübernahme.

Einige Wochen später erhielt ich die Nachricht, dass ein Hund, der meinem Anforderungsprofil entsprach, gerade die Ausbildung begonnen hätte. So gab es ein weiteres Treffen zum Kennenlernen. Es erwartete mich ein temperamentvoller heller Labradorrüde namens Cross. Ich war begeistert! Obwohl ich in den nächsten Monaten öfters die Gelegenheit hatte, Cross zu sehen, wurde mir die Zeit nun doch sehr lang.

Im Januar 2002 war es dann soweit. Cross war mit seiner Ausbildung fertig und die Einweisung konnte beginnen.

An einem Sonntagabend reiste ich an und wurde in einer netten kleinen Pension untergebracht. Die Vermieter waren am Anfang skeptisch wegen des Hundes, verloren aber schon nach dem ersten Tag ihre Vorbehalte. Am Montagvormittag nach dem Frühstück ging es los. Nach der Erledigung einiger Formalitäten und einer ersten Lektion in Theorie konnte ich meinen zukünftigen Begleiter endlich in Empfang nehmen. Hinter dem Haus, auf einer schneebedeckten Wiese, konnten wir uns spielerisch einander annähern, so dass der Hund von selbst den Kontakt zu seinem neuen Besitzer suchen konnte.

Ich musste ihn ignorieren, bis er selbst Interesse an mir fand. Dann gab es in kurzen Abständen einige Leckerli. Mit der Zeit konnte ich dann mit einigen Unterordnungsbefehlen beginnen. Auf diese Art nahmen wir uns viel Zeit, uns einander anzunähern. Von da ab hatte ich Cross ständig bei mir und er erhielt seine Befehle ausschließlich von mir.

Am Nachmittag gab es zunächst noch etwas Theorie zum Blindenführhund und anschließend konnte ich mit Cross zum ersten Mal im Führgeschirr auf einer geraden Strecke gehen. Später wurde ich mit Hund zur Pension zurückgebracht. Da waren wir zum ersten Mal alleine. Cross inspizierte das Zimmer und wollte dann gleich mal ausprobieren, wer der Herr im Hause ist. Er sprang mehrfach aufs Bett und wurde von mir energisch verwiesen. Nach dem dritten Versuch gab er auf. Später fütterte ich ihn zum ersten Mal. Hier musste er gleich lernen, dass erst gefressen wird, wenn ich das Okay gebe. Durch derartige Regeln lernt der Hund, sich seinem neuen Rudelführer unterzuordnen. Da ich vom ersten Tag an sehr konsequent mit Cross umgegangen bin, ordnete er sich mir sehr schnell unter. An diesem und den folgenden Abenden schwirrte mir der Kopf vor lauter neuen Informationen.

Der nächste Morgen begann mit einem längeren Spaziergang in einem Park. Vorbei an Passanten, Enten und anderen Hunden, konnte ich die Reaktionen des Hundes auf seine Umwelt kennen lernen und lernte auch die Möglichkeiten, ihn zu korrigieren beziehungsweise unterzuordnen. Anschließend gab es wieder einen Block Theorie. Nach dem Mittagessen wurde im Park ein Hindernisparcours aufgebaut. Anschließend übten wir zum ersten Mal in der Stadt.

Am dritten Tag ging es dann richtig zur Sache. Wir fuhren mit dem Zug nach Michelstadt. Hier konnte ich Cross dann so erleben, wie ich ihn nach der Einführung einsetzen sollte. Schon die Zugfahrt begeisterte mich. Ich stieg mit dem Hund in den Zug und er zeigte mir sofort einen freien Platz. Da es kurz vor den Einführungswochen noch heftig geschneit hatte, waren die Straßen in Michelstadt noch von Schneehaufen und teilweise Eis besetzt, so dass wir unter recht extremen Bedingungen trainierten. Wir liefen voran und der Trainer hinterher. Er gab mir die Richtung an und ich gab dem Hund die entsprechenden Kommandos. Hier war es für mich sehr wichtig, dass ich Vertrauen zum Trainer hatte. Dieser Gang durch Michelstadt stellte aufgrund der extremen Witterung hohe Anforderung an uns. Allerdings wusste ich hinterher, was mein Hund tatsächlich kann. Nach diesem Trainingstag war mir hundertprozentig klar, dass ich die richtige Entscheidung bezüglich der Anschaffung eines Führhundes getroffen hatte. Ohne Hund wäre ich bei diesen Straßenverhältnissen nicht alleine gelaufen.

Am darauf folgenden Tag trainierten wir wieder in Bad König und korrigierten einige Bewegungsabläufe, zum Beispiel Wendungen. Zudem wurde noch einige Zeit auf Unterordnung verwendet.

Am Freitag fuhr mich der Trainer nach Kassel und ich brachte Cross in die Familie. Das Wochenende diente ausschließlich der Eingewöhnung in sein neues Rudel. Viele Spaziergänge und Spielen mit dem Hund bestimmten die Tage.

Am Montag reisten die Ausbilder zu mir an und wir begannen das Training am Wohnort. Hier kam mir zu Gute, dass ich mir meine regelmäßigen Wege bereits vorher im Geiste beim Gehen mit dem Hund vorgestellt hatte. Es war ein schönes Erlebnis, plötzlich locker durch die Kasseler Fußgängerzone gehen zu können. Mit dem Stock fand ich dies sehr anstrengend und ich lief diese Strecke früher nur, wenn es unbedingt sein musste. An den ersten beiden Tagen der zweiten Woche trainierten wir die Wege in Kassel, die ich regelmäßig gehen musste. Dazwischen mussten wir immer mal wieder das eine oder andere korrigieren, zum Beispiel das korrekte Anzeigen von Bordsteinen.

Cross ist so ausgebildet, dass er an jeder Treppe, einzelnen Stufe oder am Bordstein kurz stehen bleibt. Ich selbst war aber gewöhnt, eine Straße möglichst schnell zu überqueren und ich fühlte mich nicht gerade wohl dabei, wenn auch nur für ein zwei Sekunden, auf Straßenbahnschienen stehen zu bleiben. Es kostete mich große Überwindung, mich hier an die gelernten Abläufe des Hundes zu halten. Zudem merkte ich, dass ich von Tag zu Tag die Bewegungen des Hundes, die über das Geschirr übertragen werden, immer besser interpretieren konnte. Ich merkte genau, wie beim Gehen mit einer Begleitperson, wann eine Stufe, Bordstein, und so weiter, kommt. Natürlich ist es unabdingbar, dass man sich besonders in der ersten Zeit korrekt an die Ausbildungsabläufe hält.

Am Mittwoch kam dann das von mir gewünschte Training im Frankfurter Hauptbahnhof. Ich hatte damals schon öfters beruflich in Frankfurt zu tun und erreichte diesen Riesenbahnhof meistens zur Hauptverkehrszeit. Ich bewältigte den Weg durch den Bahnhof, zur U-Bahn und noch mal Umsteigen stets mit Langstock, empfand dies aber immer als Tortur. Nach diesem Tag war klar, dass wir das Einführungstraining nach der zweiten Woche beenden konnten. Den Donnerstag nutzten wir noch zur Korrektur einiger Kleinigkeiten. Am Wochenende fuhr ich dann mit Cross zum ersten Mal zu einer Tagung. Diese Reise war für mich noch sehr aufregend, ich kam aber doch erstaunlich gut zurecht. Die darauf folgenden zwei Wochen nahm ich noch Urlaub, um mit Cross alleine weiter zu trainieren und Routine zu bekommen, um dann mit meinem neuen Begleiter entspannt in die Arbeitswelt zurückzukehren. Das Wissen darum, dass ich von meiner

Blindenführhundschule eine sehr gute Nachbetreuung erwarten konnte, hat mir diese Phase sehr leicht gemacht. Ich nahm noch einen der drei vorgesehenen Nachbetreuungstage in Anspruch und bat, mir den Rest aufheben zu können, falls in nächster Zeit nochmals Probleme auftreten sollten. Nach sechs Wochen erfolgte die Gespannprüfung, die auf meinen Wunsch in der Großstadt Frankfurt stattgefunden hat und von uns recht gut bewältigt wurde.

Inzwischen ist Cross seit über zwei Jahren mein ständiger Begleiter und ich habe es keine Sekunde bereut. Seit ich Cross habe, bin ich mobiler geworden, kann auch ohne andere menschliche Begleitung entspannt spazieren gehen. Da ich bei Wind und Wetter raus muss, hatte ich seither keine stärkere Erkältung mehr und bin überhaupt körperlich fitter geworden.

Inzwischen arbeite ich ganz in Frankfurt und fahre als Berufspendler täglich mit Cross in die Main-Metropole.

Auch auf vielen Dienstreisen begleitet mich mein Hund. Schlechte Erfahrungen derart, dass mein Hund in bestimmte Institutionen, Lokale, Geschäfte und so weiter nicht freiwillig eingelassen wird, hatten wir bisher nicht. Da ich fast immer mein Kommen mit Führhund vorher ankündige, kann ich Missverständnissen und Unsicherheiten durch Information und Aufklärung vorbeugen.

Je erfahrener Cross als Führhund wird, desto mehr Wege merkt er sich und auch in unbekannter Umgebung findet er gewohnte Ziele immer zuverlässiger.

Steige ich am Frankfurter Hauptbahnhof aus und gebe das Kommando »U-Bahn«, führt mich mein Hund mittlerweile ohne ein weiteres Kommando durch den überfüllten Bahnhof zur U-Bahn.

In der Freizeit ist Cross ein absolut kinderlieber und pflegeleichter Familienhund.

Mittlerweile haben wir schon sehr viel Routine. Morgens um sechs geht es los zum Bahnhof. Der Weg führt zum Teil durch Felder, so dass Cross auf diesem Weg auch seinen hundlichen Bedürfnissen nachkommen kann. Im Zug kann er sich ausruhen, bevor er mich dann sicher in Frankfurt durch den überfüllten Hauptbahnhof zur U-Bahn und dann sicher zu meinem Arbeitsplatz führt. Im Büro gibts dann erst mal Futter und im Gegensatz zu mir kann er dann einige Stunden schlafen. In der Mittagspause ist es gesünder, mit dem Hund spazieren zu gehen als sich von den Kollegen vollqualmen zu lassen. Zum Feierabend geht es dann wieder mit dem Zug zurück nach Hause. Dort gibt es erst einmal Futter für Hund und Herrchen. Nach dem Abendessen kommen die Kinder ins Bett, dann ist Ruhe, bevor wir gegen 22.30 Uhr noch mal raus gehen.

Am Wochenende gibt es ausgedehnte Spaziergänge und viel Spielen mit der ganzen Familie. Das ist sehr wichtig, um ihm einen Ausgleich für seine anstrengende Arbeit zu geben. Ich bemühe mich stets, Cross die

Tage, an denen wir uns auf Dienstreise befinden, durch mehr Freilaufmöglichkeit, wenn wir zuhause sind, auszugleichen.

Ich habe durch Cross eine Menge entspannter Freiheit und Unabhängigkeit dazu gewonnen.

Allerdings kann ich nur jedem, der sich einen Führhund anschaffen möchte, raten, sich klar zu machen, dass die Haltung eines Arbeitshundes viel Zeit und konsequentes Arbeiten bedeutet. Er ist nun mal kein elektronisches Hilfsmittel, das man nach Gebrauch ausschalten und in die Ecke stellen kann. Das Hilfsmittel Blindenführhund braucht neben konsequenten Regeln viel Liebe, es haart, hat schmutzige Pfoten, klaut gelegentlich ein Brot und manchmal ist es auch ein bisschen stur. Es hat auch mal einen schlechten Tag oder ist vielleicht auch mal längere Zeit krank. Man muss die Bereitschaft mitbringen, dem Hund für die neu gewonnene Freiheit auch eine ganze Menge zurückzugeben.

Karl Matthias Schäfer, April 2004

Karl Matthias Schäfer mit Blindenführhund Cross

Erfahrungsbericht Ursula Weber mit Labrador Belle
»Belle und ich«
Ende Mai 2002 hörte ich im Radio einen Bericht einer Blindenführhundschule in unserer Nähe. Da dieser Bericht sehr spannend und informativ war, wurde mein Interesse geweckt und ich fuhr eine Woche später dorthin, um mir selbst ein Bild zu machen. Dort angekommen, wurden wir sehr nett und freundlich empfangen. Der Ausbilder fragte mich nach meiner Erfahrung mit Hunden und erklärte mir, was ein Blindenführhund für mich bedeuten könnte. Da ich Hunde sehr liebe und auch schon welche hatte, war der Entschluss für mich schnell klar: »Ich möchte einen Blindenführhund« – in der Hoffnung und Erwartung, dass er mir in meinem alltäglichen Leben sehr weiterhelfen kann. Nachdem ich mit Hilfe der Blindenführhundschule die ganzen Formulare und Anträge ausgefüllt und erledigt hatte, die für der Kostenträger notwendig waren, bekam ich von meiner Krankenkasse sehr schnell das O.K.

Kurze Zeit darauf rief mich die Schule an, dass sie einen aktuellen Wurf Labradore hätten und ich mal vorbeikommen solle, um mir die Welpen anzuschauen. Also fuhren wir hin!

Als ich einen dieser kleinen Kerlchen auf dem Arm hatte, habe ich mich prompt verliebt! Sie hieß Belle und sollte mein Blindenführhund werden, das stand für mich fest. Die Ausbilder erklärten mir, dass Belle jetzt für ein Jahr in eine Patenfamilie käme. Dann wird mit Ende des ersten Lebensjahres der Hund gesundheitlich untersucht und es folgt anschließend eine Wesensprüfung. Erst wenn diese Prüfungen erfolgreich sind, kann der Hund zum Blindenführhund ausgebildet werden.

Während Belle bei der Patenfamilie aufwuchs, durfte ich öfters mit ihr spazieren gehen. Das war sehr wichtig für Belle und mich, weil wir so schon damals anfangen konnten, eine Bindung zueinander aufzubauen.

Als endlich feststand, dass Belle sich zum Blindenführhund eignet und die Ausbildungsphase begann, besuchte ich sie weiterhin. Mit Erstaunen und Bewunderung konnte ich die Ausbildungsfortschritte bei Belle mitverfolgen und fühlte mich von mal zu mal immer sicherer an ihrer Seite.

Da ja nicht nur der Hund, sondern auch ich Training im Umgang mit so einem Hund benötigte, ging es also Mitte September 2003 los. Nach fünf Tagen Grundtraining bekam ich Belle mit nach Hause. Das Training ging natürlich noch weiter, jetzt waren vierzehn Tage harte Arbeit für Belle, mich und unsere Trainerin angesagt! Dieses Training beinhaltete schwerpunktmäßig, dass Belle und ich die alltäglichen Wege, wie zum Beispiel zum Bäcker oder zum Arzt gehen, gemeinsam meistern.

Am 16. Oktober 2003 war dann nun die von mir dringlich ersehnte Prüfung. Da unsere Trainerin mitbekommen hatte, dass ich schon im Vorfeld wahnsinnige Prüfungsangst hatte, hat sie gemeinsam mit dem Prüfer die Prüfung heimlich gemacht. Wir wurden während einer »angeblichen

Trainingsrunde« geprüft. Am Ende dieses angeblichen Trainingsganges gratulierte mir ein Mann, der sich dann als Prüfer zu erkennen gab. Ich wusste gar nicht, wie mir geschah. Ein paar Tage später ließ die Blindenführhundschule mir die restlichen Papiere zukommen. Nun war Belle endlich mein Blindenführhund!

In der ersten Zeit nach der Prüfung gab es noch ein paar Hindernisse, auf die Belle und ich stießen. In unserer Stadt sind die Menschen scheinbar noch nicht so geübt im Umgang mit blinden Menschen und ihren Blindenführhunden. In einigen Geschäften war es notwendig, dass man die rechtliche Seite (Blindenführhunde dürfen in alle Geschäfte) schwarz auf weiß vorlegt. Mittlerweile haben wir auch dieses Hindernis gemeinsam gemeistert. Auf diesem Wege möchte ich mich bei allen Menschen bedanken die mir dieses ermöglicht haben.

Ich kann niemandem sagen, was Belle für mich bedeutet. Dieser Hund gibt mir so viel Kraft und Lebensfreude! Vielen Dank.

Ursula Weber, Mai 2004

Ursula Weber mit Blindenführhund Belle

FACHGUTACHTEN ZUR BLINDENFÜHRHUNDVERORDNUNG GESAMTURTEIL

Gespann: Karl-Matthias Schäfer / Blindenführhund Cross
Ort: Ländliche Umgebung / Kleinstadt / Stadt / Großstadt
Dauer der Prüfung: von 10.00 - 12.30 Uhr, am 18.02.2002

Die Prüfungsstrecke beinhaltete die für eine Beurteilung wesentlichen Kriterien:

- BAUSTELLE
- BODENHINDERNIS
- HÖHENHINDERNIS ENGPASS
- PFAD OHNE GEHWEG

Der Führhund wurde auf folgende Eigenschaften hin beobachtet:

- FÜHRLEISTUNG
- FÜHRFREUDIGKEIT
- KORRIGIERBARKEIT

Gespannzusammenarbeit:
Herr Schäfer hat den starken, selbstbewussten Rüden gut im Griff. Er geht freundlich, aber konsequent mit seinem Führhund um, korrigiert angemessen und zur rechten Zeit. Das Gespann macht trotz der kurzen Zeit des Zusammenseins bereits einen sicheren, harmonischen Eindruck. Herr Schäfer ist ein geübter Langstockgeher mit sehr guter Orientierung, der seinen sehr geringen Sehrest optimal einzusetzen weiß. Cross hat es deshalb manchmal schwer, seine Fähigkeiten als Führhund unter Beweis zu stellen. Herr Schäfer muss lernen, seinen Hund als Autorität in diesem Bereich anzuerkennen und auch in Gegenden, in denen er sich gut auskennt, seinen Hund führen zu lassen und nicht umgekehrt. Cross könnte sonst die Freude am Arbeiten verlieren und unaufmerksam werden.

Leistung des Führhundes:
Cross arbeitet diszipliniert und aufmerksam. Er ist führig und gut korrigierbar. Die Prüfungsstrecke beinhaltet den Frankfurter Bahnhof, das Fahren mit öffentlichen Verkehrsmitteln, eine komplizierte Baustellensituation, sowie eine für das Gespann völlig unbekannte Wegstrecke. Cross zeigte keinerlei Anzeichen von Irritiation und Ermüdung. Hindernisse umgeht er ohne Probleme, Seiten- und Höhenhindernisse zeigt er an. Auf Ablenkung durch andere Hunde reagiert er moderat interessiert. Im Freilauf gehorcht er sehr gut. In Entscheidungen könnte er noch sicherer werden, wenn der Halter ihm mehr Raum für Eigenständigkeit ließe. Der Bereich »intelligen-

te Gehorsamsverweigerung« wurde nicht geprüft – der Halter will diese Eigenschaften selber zu gegebener Zeit austesten. Cross hat alle Anlagen, ein zuverlässiger, kreativer Führhund zu sein.

Anmerkungen zur Prüfungssituation:
Das Gespann hatte zu Beginn der Prüfung bereits eine längere Bahnfahrt hinter sich.
Das Gespann hat den Gespannorientierungslauf BESTANDEN

Erfahrungsbericht einer Patenfamilie

Leben und lernen mit dem Patenhund oder wie man zum »Mosti« werden kann

Soziales Engagement muss den Menschen, die es leisten, nicht unbedingt schwer fallen oder gar ein persönliches Opfer bedeuten, oft wird es sogar zum Gewinn. Ein gutes Beispiel dafür ist unsere Geschichte der neunmonatigen Patenschaft für den zukünftigen Blindenführhund Camillo.

Mein Mann und ich lasen in einer Zeitschrift, dass es in der Blindenführhundeausbildung üblich ist, Welpen erst einmal in einer Familie aufwachsen zu lassen, bis sie physisch und psychisch für eine spezielle Ausbildung in der Lage sind. Wir erkannten, dass eine solche Patenschaft für uns eine gute Möglichkeit wäre, wenigstens für einige Zeit einen Hund bei uns aufzunehmen. Da wir beide berufstätig sind und mein Mann sich nicht sicher sein kann, ob er durch sein allergisches Asthma nicht vielleicht eines Tages auch auf Hundehaare reagieren würde, wussten wir, dass für uns ein eigener Hund wohl nicht in Frage käme. So ganz konnten wir uns allerdings von dem Traum, einen Hund als Familienmitglied zu haben, nicht verabschieden. Ich sammelte zunächst in einem Tierheim Erfahrungen mit Hunden beim Gassigehen und bei den wöchentlichen Übungseinheiten zum Grundgehorsam. Besonders günstig wurde die Gelegenheit für eine Patenschaft dann, als ich mich in meinem Beruf als Lehrerin für ein Schuljahr beurlauben ließ. Es war klar, dass ich genügend Zeit für einen Welpen haben würde, die man unbedingt braucht, wenn Mensch und Tier in dieser Lebensgemeinschaft glücklich werden sollen. Für uns war die Patenschaft also kein Testlauf, ob später einmal ein eigener Hund in unser Leben passen würde. Vielmehr stellte sie eine Chance dar, Hunde nicht nur von weitem nett zu finden, sondern sie verstehen zu lernen und mit einem ganz bestimmten Hund eine echte Beziehung einzugehen. Ganz besonders gefiel uns dabei der Gedanke, gleichzeitig etwas sozial Nützliches zu tun.

Im jahrelangen Umgang mit Pferden hatte ich erlebt, dass die Kommunikation mit einem Tier vom Menschen einiges Umdenken erfordert. Wenn wir vom Tier verstanden werden wollen, muss sich unser Handeln an dem orientieren, was das Tier begreifen kann und was seiner natürlichen Veranlagung entspricht. Es ist für Mensch und Tier gleichermaßen wohltuend, wenn diese Verständigung funktioniert, obwohl beide so verschieden sind. Ob uns das in einem knappen Jahr Hundepatenschaft gelingen würde?

Zunächst galt es, eine Blindenführhundschule zu finden, die uns einen Welpen anvertrauen würde. Der Kontakt zu Blindenführhundschulen lässt sich durch das Internet und per E-Mail leicht herstellen, doch dass wir auf eine Schule stießen, die bereit war, uns Ersthundehaltern gerade zu diesem Zeitpunkt und trotz einer Entfernung von etwa 200 km eine Chance zu geben, war bestimmt ein Glücksfall. Im Odenwald wartete der zwölf Wochen alte Labrador-Rüde Camillo auf Pateneltern!

Bei einem persönlichen Gespräch mit den Inhabern der Schule konnten wir uns gegenseitig kennen lernen und einander unsere Interessenslagen schildern. Dabei müssen erstere erkannt haben, dass wir zwar kaum eine Qualifikation vorweisen konnten, aber dafür mehr als genug guten Willen mitbrachten. Bei einer Welpenspielstunde wurden wir Camillo zum ersten Mal vorgestellt und durften gleich einige kleine Aufgaben mit ihm zusammen bewältigen. Natürlich waren wir sehr glücklich, dass die Schule sich danach entschied, uns Camillo tatsächlich anzuvertrauen.

Richtig aufregend wurde es dann, als wir Camillo schon ein paar Tage später mit zu uns nach Hause nehmen durften. Die Wohnung war welpengerecht umgeräumt worden, und wir waren zwar nervös, aber bereit für »unseren« Welpen. Noch auf der Heimfahrt gestanden wir uns unsere Erleichterung über die Abschiedsworte ein, die uns mitgegeben worden waren. Die Inhaber der Schule hatten uns ermutigt, jederzeit ihren Rat einzuholen und uns gleichzeitig versichert, dass sie keinen perfekten Hund zurückerwarteten. In erster Linie sollte er gesund sein und Menschen vertrauen, so dass man mit ihm gut weiterarbeiten könne.

Die erste Zeit mit Camillo glich sicher dem, was alle Familien erleben, wenn sie zum ersten Mal einen Welpen aufziehen. Wir sorgten uns um seine Gesundheit und ob die Menge des Futters stimmte. Fasziniert und staunend beobachteten wir jede seiner Regungen, lachten über seine Neugier, seinen Spieltrieb und freuten uns über die stetig wachsende Geschicklichkeit. Camillos liebenswerte Lebendigkeit machte es uns leicht, ihn vom ersten Tag an zu mögen, gleichgültig, was er auch anstellte!

Sehr hilfreich in der Phase des Kennenlernens war der wöchentliche Besuch von Welpenprägungs-Stunden in der Nähe unseres Wohnortes. Hier konnten wir Camillo im Umgang mit gleichaltrigen Artgenossen in einer geschützten Umgebung gut beobachten, sein Verhalten und seinen Charakter kennen lernen und uns auch mit den Umgangsformen anderer Hunde vertraut machen. Außerdem bekamen wir Rat und Ideen für den Alltag zu Hause mit. Es war anfangs erstaunlich für uns, aber selbst das Spielen mit dem Hund will ja gelernt sein! Gemeinsam mit der von der Schule empfohlenen Fachliteratur waren die Welpenprägungs-Stunden eine wertvolle Basis für unser gutes Verhältnis zu Camillo. Camillo war in den ersten Lebenswochen optimal auf den Menschen geprägt worden. Trotzdem empfanden wir es nicht als selbstverständlich, sondern als wunderbares Erlebnis, dass sich zwischen uns und dem Hund schnell eine enge Bindung entwickelte. Schon nach ein paar Tagen wagten wir es, ohne Leine mit ihm Gassi zu gehen, weil er sich anfänglich zu unserem großen Erstaunen kaum von uns entfernte und später normalerweise leicht abrufbar war. Versteck- beziehungsweise Suchspiele und andere Abenteuer in Wald und Feld förderten unsere Bindung und machten Mensch und Hund gleichermaßen Spaß. So wird man unversehens zu einem »Mosti«, einem Motivationsstimulator, und hat selbst das größte Vergnügen dabei!

Nach Ablauf des Welpenkurses entwickelte sich bei mir das Bedürfnis, weiterhin unter fachlicher Anleitung mit Camillo zu arbeiten, um ihn noch besser zu verstehen und um Grundgehorsamsübungen zu erlernen, die uns helfen würden, auch später in der Pubertät des Rüden unser vertrauensvolles Verhältnis zu sichern. Zurzeit besuchen Camillo und ich wöchentlich eine Hundeschule in unserer Nähe. Die Stunde vergeht oft wie im Flug, denn die Arbeit ist abwechslungsreich und konzentriert und auch der Spaß kommt nicht zu kurz. Die meisten Übungen machen Camillo keine Mühe, sondern erhöhen eher seine Aufmerksamkeit. Lediglich das Warten zwischendrin scheint ihm nicht so gut zu gefallen.

Natürlich hält auch der Alltag Herausforderungen für uns bereit. Als Patin eines zukünftigen Blindenhundes habe ich mich verpflichtet, bestimmte Situationen bewusst anzusteuern, um Camillo rechtzeitig daran zu gewöhnen, egal ob sie für mein persönliches Leben typisch oder untypisch sind. Wir nehmen Camillo also überallhin mit, wo es erlaubt ist, lassen ihn aber auch ab und zu alleine zu Hause. Wir machen Spaziergänge in der Stadt und besuchen Kaufhäuser, Restaurants und Läden, fahren Aufzug und mit öffentlichen Verkehrsmitteln. Im Wald spielen wir in Bächen, treffen andere Tiere und auf dem Feld Jogger, Radfahrer und Landmaschinen. Eine schöne Zufriedenheit stellt sich ein, wenn wir wieder einmal eine neue Situation erfolgreich gemeistert haben und Camillo trotz seines Temperaments gelassen bis freundlich reagiert. Dazu gehören Besuche bei Freunden und Verwandten mit kleinen Kindern, die Silvesterparty mit Feuerwerk und Livemusik, als Camillo kurz den Kontrabass inspizierte und sich dann entspannt direkt neben dem Pianisten niederließ, die Begegnungen mit Skifahrern und Schwimmern am Urlaubsort und, und, und ...

Was für eine Freude, Camillo bei seinen Lernerfolgen begleiten und anleiten zu dürfen! Er sucht leidenschaftlich gerne »verlorengegangene« Gegenstände und bringt sie stolz heran, und auch bei Geschicklichkeitsspielen wird er immer gewandter.

Mit der wachsenden Zuneigung zu Camillo erhöht sich allerdings manchmal unsere Toleranzschwelle für kleinere Unarten beziehungsweise

Schwächen. Dann erweist sich der Kontakt zur Schule als wichtig, die wieder zu größerer Konsequenz ermahnt und oft nur wenig eingreifen muss, um Schwierigkeiten zu beheben. Als Camillo sich zum Beispiel in den Kopf gesetzt hatte, nicht in Züge, Busse und Straßenbahnen einsteigen zu wollen, obwohl ihm das Fahren an sich kein Problem machte, genügten ein paar Versuche an der Hand der Ausbilderin und eine Korrektur meines eigenen Verhaltens, um Camillo davon zu überzeugen, dass das Einsteigen nichts Gefährliches ist.

Auf der anderen Seite wird Camillo auch nicht müde, uns zu trainieren! Damit meine ich nicht nur unsere körperliche Betätigung während der täglichen Spaziergänge bei jedem Wetter, sondern vor allem eine ganze Menge anderer Dinge, die wir von ihm lernen. Dazu gehören richtiges Timing für Lob und Tadel, Reaktionsvermögen und sei es nur, um zu verhindern, dass Camillo Fallobst im Übermaß frisst. Klarheit und Eindeutigkeit bei Ansagen und in der Körpersprache sind ganz besonders wichtig. Er fordert von uns Konzentration, indem er unachtsame Momente nutzt, um seine eigenen Ideen in die Tat umzusetzen, die sich nicht zwangsläufig mit unseren Vorstellungen decken.

Wir üben uns darin, seiner Körperhaltung blitzschnell anzusehen, was er vorhat, damit wir schnell eingreifen können, wenn zum Beispiel im Wald ein Reh unseren Weg kreuzt. Camillo ist ein absolutes Vorbild, was »gute Laune« angeht. Durch ihn nehmen wir unsere Umgebung bewusster wahr: Natur und Stadt werden zum Abenteuergelände oder zum Parcours für unsere Streifzüge. Wir entdecken Dinge, die wir früher nicht bemerkt hätten, weil sie für ihn neu, interessant oder Respekt einflößend sind oder zu einem kleinen Spielchen taugen.

Durch unsere Patenschaft setzen wir uns auch mit der Situation sehbehinderter Menschen auseinander. Wir sehen bewusster und denken häufig darüber nach, mit welchen Schwierigkeiten Blinde mit und ohne Führhund konfrontiert werden. Über die Führhundeschule werden wir etwas näher mit Einzelheiten der Ausbildung vertraut gemacht. Einige einfache Übungen können wir mit Camillo bereits jetzt schon in Angriff nehmen, zum Beispiel das Anzeigen von Bordsteinen. Unsere eigenen Erfahrungen mit Camillo werden vertieft durch den persönlichen Kontakt, der sich nun zu sehbehinderten Menschen herstellen lässt.

Nun, da der Tag immer näher rückt, an dem Camillo in die Blindenführhundschule, dem Ort wo er geboren wurde, zurückkehren wird, fällt es immer schwerer sich vorzustellen, dass wir nach einem dreiviertel Jahr wieder ohne ihn auskommen müssen. Immer wieder werden wir von Bekannten gefragt, ob wir mit dem Wissen, wie weh der Abschied tun kann, später wieder einmal eine Patenschaft übernehmen würden. Das Herz sagt dazu: »Ja, sofort«, denn es wird nicht der Abschiedsschmerz sein, an den wir uns erinnern, wenn wir an Camillo denken! Die Vernunft ergänzt allerdings, dass dies für uns nur in einer Lebenssituation in Frage käme, in der wir so wie bei Camillo genügend Zeit und Geduld für einen Welpen hätten.

Camillo hat unsere Herzen im Sturm erobert und nun müssen wir die Bindung wieder lösen, die wir ganz bewusst zu ihm aufgebaut haben, damit er eine schöne und abwechslungsreiche Junghundezeit und dadurch eine gute Basis für seine weitere Ausbildung hat. Er hat Vertrauen zu uns gefasst, und das wird ihm helfen, auch zu seinem späteren menschlichen Partner ein Vertrauensverhältnis aufzubauen.

Loslassen schmerzt - das ist eine Erfahrung, die uns nicht unbekannt ist und keinem Menschen je erspart bleibt. Trotzdem bereuen wir keine Minute, die wir mit Camillo verbracht haben und sind sogar ein bisschen stolz darauf, etwas dazu beigetragen zu haben, dass Camillo seine spätere Aufgabe mit großer Leistungsbereitschaft angehen wird und einem sehbehinderten Menschen ein treuer Partner sein kann. Wir wünschen Camillo und diesem Menschen, dass beide zu einem guten Team zusammenwachsen, in dem Camillo mehr ist als ein reines Arbeitsmittel. Dann werden beide gegenseitig von den Stärken des anderen profitieren können.

Regine Krause, 20.02.2004

Patenfamilie Krause mit Camillo

Eine (fast) wahre Geschichte
Apollo und Artos –
Zwei Leben wie Tag und Nacht

Es war ein verregneter Sonntag, als Herr Schmiedel uns mit seinem Blindenführhund, dem Labradorrüden Apollo, besuchte. Herr Schmiedel ist ein inzwischen fünfzigjähriger, aber immer noch sehr aktiver Mann. Seit nunmehr sieben Jahren hat er seinen blonden Begleiter. Die beiden sind ein absolutes Team! Ihre Beziehung beruht auf Liebe, Vertrauen und auf Verständnis: »Kein Schritt, den Apollo mich führt, ist für mich eine Selbstverständlichkeit!«, so Herr Schmiedel.

Apollo wurde damals mit drei weiteren Geschwistern in unserer Blindenführhundschule geboren. Zwei von den vier sind Blindenführhunde geworden: Der blonde Rüde Apollo und sein schwarzer Bruder Artos. Bei jedem Besuch und bei jedem Telefonat fragte mich Herr Schmiedel, wie es Artos geht. So auch heute. »Artos ist seit einer Woche wieder bei uns«, erzählte ich ihm. Herr Schmiedel fragte mich, ob ich einverstanden wäre, wenn wir die beiden Hunde miteinander spielen lassen würden. Natürlich hatte ich nichts dagegen. Als die beiden sich sahen, auch wenn sie sicher nicht mehr wussten, dass sie Brüder sind, begrüßten sie sich stürmisch.

Nach etwa zehn Minuten heftigen Spiels legten sich die beiden älteren Herren ins nasse Gras. Sie leckten sich ab, sie beschnüffelten sich.

Herr Schmiedel sagte zu mir: »Seien Sie einmal ganz still! Mir ist, als wenn sich die beiden unterhalten!«

Und tatsächlich: Jetzt hörte ich es auch! Wir setzten uns ganz leise auf eine Bank, und hörten den beiden zu.

Aber eigentlich führten sie gar kein Gespräch. Es redete nämlich nur einer: Apollo. Er erzählte von seinem tollen Leben, der Führarbeit, den Spaziergängen, dem Spiel mit anderen Hunden und den täglichen Streicheleinheiten. Er schwärmte von seinem Herrchen, das er über alles liebe. Er sei immer konsequent und voller Zuneigung.

Je mehr Apollo sprach, desto mehr senkte Artos seinen Kopf. Mir war, als liefen zwei dicke Tränen aus seinen Augen.

Dies merkte nun auch Apollo. »Was ist mit dir?« fragte er.

»Mein Leben lief etwas anders als deins,« schluchzte Artos. »Meine Patenfamilie, in die ich zuerst kam, war sehr nett. Sie hatten noch eine kleine Tochter. Ich glaube, Sarah war ihr Name. Wir waren zusammen ein unschlagbares Team und hatten jede Menge Spaß. Aber als ich etwa acht Wochen dort war, wurde Sarah sehr krank. Und das meinetwegen! Da kam ich wieder weg.

Nach einer Woche hier in der Blindenführhundschule kam ich in eine neue Patenfamilie zu einem älteren Herrn. Sarah fehlte mir sehr, aber mein neues Herrchen war auch recht lieb zu mir. Dort lebte ich also, bis ich ein Jahr alt war.

Dann kam ich, wie du ja auch, zurück in die Schule. Er bildete mich aus. Die Arbeit machte mir Spaß, wenn auch manches für mich unverständlich war. Eines Tages brachte er mich in die Tierklinik zur Kastration. Bei einem Narkose-Zwischenfall stand mein Herz für einige Sekunden still und die Ärzte kämpften um mein Leben. Nach einer Woche war ich wieder auf den Beinen.

Als ich mit meiner Ausbildung fertig war, kam ich als stolzer Blindenführhund zu einer älteren Frau. Für mein restliches Leben? Nein, für sechs Wochen.

Sie ging mit mir dreimal am Tag raus. Früh zehn Minuten, abends zehn Minuten und zwischendurch zum Arbeiten. Ich wurde nie gelobt, sondern war immer nur der, der alles falsch macht. Einmal hörte ich ein Telefonat mit, das sie mit der Blindenführhundeschule führte. Sie sagte, ich würde überhaupt nicht funktionieren. Ich würde zu sehr ziehen, aber ich hatte ja auch keine Bewegung. Ich würde nach anderen Hunden schauen, ich bekam ja auch nie Kontakt. Ich würde zu unkonzentriert sein. Ich bin ja auch kein Mensch!

Also holte mich die Schule wieder ab und ich verbrachte die nächste Woche dort. Ich erfuhr, dass ich wieder als Blindenführhund abgegeben werden sollte.

Nach einer Nacharbeitung kam ich zu einem vierzig Jahre alten Mann. Für mich eine super Stelle, dachte mein Ausbilder. Was er nicht wusste: Ich musste nur zweimal am Tag führen. Einmal vormittags in die Kaufhalle zum Schnaps-Regal und einmal abends in die stickige, ekelhafte Kneipe. Dort lag ich dann einige Stunden unter dem Tisch. Frustrierend.

So ging es drei Jahre lang. Nie Freilauf, neue Wege und kein Kontakt zu anderen Hunden.

Doch dann löste sich das Problem von selbst: Leberzersetzung! Regelmäßig, immer dann, wenn er nüchtern war, rief mein Herrchen die Blindenführhundeschule an und erzählte, wie toll er und ich gemeinsam arbeiten und leben. Umso mehr verwundert war mein Ausbilder, als er erfuhr, dass er mich beim Nachbarn abholen sollte.

Inzwischen war ich fast fünf Jahre alt. Und obwohl der Kostenträger wollte, dass ich noch einmal als Blindenführhund an einen neuen Herrn abgegeben werden sollte, weigerte sich mein Ausbilder und suchte für mich eine neue Familie.

Ich hoffte, nun würde ein neues Leben beginnen. Das tat es auch – aber leider nur bis vorige Woche. Denn meine Familie hat sich getrennt. Scheidung oder so ähnlich.

Und ich sitze nach den drei schönsten Jahren meines Lebens zum vierten oder fünften Mal hier in der Blindenführhundschule. Glaube mir eins Apollo: Vertraue keinem Menschen. Keinem!« Artos atmete noch einmal tief aus und legte seinen Kopf zwischen seine Pfoten.

Nun senkte auch Apollo seinen Kopf und ihm rannen Tränen über die Wangen. Herr Schmiedel tröstete ihn. Artos hat wohl recht. Traue keinem Menschen.

Heiko Münzner, November 2003
(die Namen der Hunde und der Halter wurden geändert)

15 Anhang: Serviceteil

I. Die gesetzliche Grundlage

aus: Bundesanzeiger Nr. 117 vom 29.06.1993 Seite 5926 ff., Bundesministerium für Gesundheit

Bekanntmachung der Spitzenverbände der Krankenkassen - Hilfsmittelverzeichnis - Qualitätskriterien für Blindenführhunde: Qualitätsstandards der Produktgruppe »Einlagen«, vom 19. Mai 1993

Die Spitzenverbände der Krankenkassen erstellen gemeinsam ein Hilfsmittelverzeichnis, in dem die von der Leistungspflicht umfassten Hilfsmittel aufzuführen und die dafür vorgesehenen Festbeträge oder vereinbarten Preise anzugeben sind. Das Verzeichnis ist regelmäßig fortzuschreiben. Die Spitzenorganisationen der betreffenden Leistungsträger sind vor Erstellung und Fortschreibung des Verzeichnisses anzuhören. Das Hilfsmittelverzeichnis ist im Bundesanzeiger bekannt zu machen (§ 128 SGB V). Zu diesem Zweck wurden 34 Produktgruppen gebildet, denen die einzelnen Hilfsmittel zugeordnet werden. In der Produktgruppe »Verschiedenes« (Produktgruppe 99) werden die Hilfsmittel aufgenommen, bei denen es sich um individuelle Produkte handelt, die sich keiner anderen der übrigen 33 Produktgruppen zuordnen lassen. Die Spitzenverbände der Krankenkassen machen gemeinsam gemäß § 128 SGB V folgenden Teilbereich der Produktgruppe »Verschiedenes«, der neu in das Hilfsmittelverzeichnis aufgenommen wurde, bekannt:

Qualitätskriterien zur Auswahl, Ausbildung und Kostenübernahme für Blindenführhunde

Blindenführhunde sind ein Hilfsmittel im Sinne des § 33 SGB V. Sie sollen einem blinden oder hochgradig sehbehinderten Versicherten eine gefahrlose Orientierung sowohl in vertrauter als auch in fremder Umgebung gewährleisten. Da der Blindenführhund im Gegensatz zu den sonst üblichen Hilfsmitteln ein lebendes Wesen ist, erfordert die Auswahl von Hunden und deren Ausbildung zum ständigen Begleiter des Versicherten einschließlich dessen »Einschulung« mit dem Blindenführhund ein besonders hohes Maß an individuellem Einfühlungsvermögen und Sachkenntnis in Bezug auf die Kynologie und das Orientierungs- und Mobilitätstraining für Blinde. Vertragspartner der Krankenkassen zur sachgemäßen Blindenführhundversorgung der Versicherten können nur Personen oder Blindenführhundschulen werden, die eine den nachfolgenden Kriterien entsprechende Qualifizierung nachweisen oder durch die in der Vergangenheit erbrachte Leistung eine diesen Kriterien entsprechende ausreichende und zweckmäßige Leistungserbringung gewährleisten.

1. Auswahl von Hunden für die Ausbildung zum Blindenführhund

Für die Aufnahme in die eigentliche Blindenführhundausbildung sind grundsätzlich nur Hunde vorzusehen, die mindestens ein Jahr, höchstens zwei Jahre alt sind; die Schulterhöhe soll mindestens 50, maximal 65 cm betragen. Geringfügige Unter- oder Überschreitungen des Höchstalters und der Schulterhöhe sind bei ansonsten geeigneten Hunden zu tolerieren. Es muss sich um friedfertige, intelligente, wesensfeste, nervenstarke, arbeitsbelastbare und gesunde Junghunde handeln, die nicht aus Massenzuchten stammen oder vom gewerblichen Tierhandel oder von Tierheimen erworben wurden. Sie sollen im engen Verbund mit Menschen aufgewachsen und entsprechend sozialisiert sein. Der vom Ausbilder zu liefernde Herkunftsnachweis des Junghundes muss auch eine vor Aufnahme in die Blindenführhundausbildung begonnene Schutzhundausbildung oder -abrichtung zweifelsfrei ausschließen. Für die Ausbildung zum Blindenführhund kommen sowohl Rassehunde als auch Mischlingshunde männlichen und weiblichen Geschlechts in Betracht. Rassetypisch zur Aggressivität neigende Tiere (z. B. Mastino, Dobermann, Rottweiler) sowie aggressive Junghunde anderer Rassen dürfen nicht als Blindenführhunde ausgebildet werden.

Bei Aufnahme in die Blindenführhundausbildung muss durch ein tierärztliches Attest, das nicht älter als drei Monate sein darf, die Gesundheit des Hundes nachgewiesen sein; er muss insbesondere über eine intakte Wirbelsäule und intakte Gelenke verfügen sowie frei von Hüftgelenksdysplasie (HD) und schwerwiegenden Augenerkrankungen (z. B. Progressive Retina Atrophie) sein. Schäferhunde mit dem Befund »HD fast Normal« und Retriever mit dem Befund »HD Verdacht« können zugelassen werden, wenn sie unmittelbar vor der Ausbildung von einem Tierarzt im Hinblick auf Gebäude, Bemuskelung und einwandfreien Lauf – erforderlichenfalls auch röntgenologisch – untersucht und für unbedenklich erklärt worden sind.

2. Ausbildung zum Blindenführhund

Für die Ausbildung zum Blindenführhund werden verschiedene Methoden des Verhaltenstrainings und der tiergerechten Lernprozesse angewendet (zum Beispiel klassische Konditionierung nach Pawlow, hundgerechte Ausbildungsmethode nach Hantke), die jedoch alle sicherstellen müssen, dass durch sie die natürliche Willensstärke des Hundes nicht gemindert bzw. gebrochen wird oder die Bestimmungen des Tierschutzgesetzes verletzt werden. Ziel der Blindenführhundausbildung ist es, den Blindenführhund in die Lage zu versetzen, dem blinden oder hochgradig sehbehinderten Versicherten seine durch die Behinderung eingeschränkte Mobilität und Orientierungsmöglichkeit weitestgehend zurückzugeben. Dies setzt voraus, dass der Führhund nach abgeschlossener Ausbildung – auch selbstständig – in der Lage ist, das »Gespann« Führhundhalter und Hund ohne Gefährdung für das Gespann oder Dritte sicher durch den allgemeinen Verkehr auch außerhalb des häuslichen Bereichs zu führen. Der Blindenführhund muss auf entsprechende Hörzeichen (verbale Anweisungen) des Führhundhalters selbstständig in einer für diesen und Dritte ungefährlichen Weise Verkehrswege benutzen, Objekte (zum Beispiel Verkehrsmittel, Treppen, Türen, Sitzgelegenheiten) aufsuchen und ihn vor eventuell auftretenden Gefahren warnen (zum Beispiel durch stehen bleiben) und schützen.

Dies kann bedeuten, dass sich der Blindenführhund im Einzelfall den Hörzeichen des Führhundhalters aktiv widersetzen muss. Die Art und Weise der Blindenführhundausbildung muss den wesentlichen Grundsätzen der »Richtlinien für die Auswahl und Ausbildung von Führhunden, Auswahl, Einarbeitung und Nachbetreuung der Führhundhalter« (insbesondere Abschnitt A II) des Deutschen Blindenverbandes e.V. (DBV-Richtlinien) vom Dezember 1989 entsprechen.

3. Qualitätssicherung

Die Zulassung als Leistungserbringer nach § 126 Abs. 1 SGB V setzt voraus, dass der Ausbilder/die Blindenführhundschule gegenüber den Spitzenverbänden der Krankenkassen, Geschäftsstelle Hilfsmittel beim IKK-Bundesverband, verbindlich erklärt, dass die Ausbildung zum Blindenführhund einschließlich der »Einschulung« und der Nachbetreuung des künftigen Führhundhalters nach diesen Kriterien durchgeführt wird.

Die Erklärung des Leistungserbringers hat eine vertraglich abzusichernde Bereitschaft zur kostenlosen Nachbesserung/-schulung für den Fall mangelhafter oder nachlassender Führhundleistungen, deren Ursache in der Auswahl des Hundes und/oder der Führhundausbildung liegt (Gewährleistung), zu beinhalten. Für die Dauer der Zulassung besteht das Einverständnis, dass die Spitzenverbände der Krankenkassen oder von ihnen Beauftragte – gegebenenfalls im Zusammenwirken mit dem Deutschen Blindenverband e.V. – ohne vorherige Ankündigung die Ausbildung und Haltung von Blindenführhunden überprüfen können. Die Dauer der Gewährleistung ist vertraglich zu vereinbaren. Meinungsverschiedenheiten über die Ursache mangelhafter oder nachlassender Führhundleistungen sind gütlich unter den Beteiligten (Versicherte, Leistungserbringer, Krankenkasse) – gegebenenfalls unter Einschaltung eines Sachverständigen – beizulegen.

4. Eignung und Einarbeitungslehrgang des künftigen Führhundhalters, Gespannprüfung

Eine sachgerechte Verwendung des Hilfsmittels Blindenführhund setzt voraus, dass der ausgebildete Blindenführhund zum künftigen Halter passt und dass der Halter bereit und in der Lage ist, den Blindenführhund als zuverlässigen Partner und – im übertragenen Sinne – als Ersatz für das nicht mehr vorhandene Augenlicht zu akzeptieren. Darüber hinaus muss der künftige Führhundhalter die Eignung zum Umgang mit Hunden besitzen und die ihm mit der Übereignung eines Blindenführhundes übertragene Verantwortung anzunehmen bereit und in der Lage sein. Für eine Hundehaltung nicht geeignete Menschen und Versicherte, denen es nicht möglich ist, dem Blindenführhund außerhalb seiner Führdiensttätigkeit den zur artgerechten Lebensführung erforderlichen Freiraum (zum Beispiel Auslauf ohne Führgeschirr und Leine) zu bieten, können nicht mit dem Hilfsmittel Blindenführhund zu Lasten der Krankenkassen versorgt werden. Im Anschluss an die erfolgreiche Ausbildung des Hundes zum Blindenführhund müssen von der Blindenführhundschule im Rahmen eines Einarbeitungslehrgangs Hund und künftiger Halter aufeinander abgestimmt werden. Der Versicherte muss im Rahmen eines solchen Lehrgangs ein »blindes«, jedoch kritisch-verantwortliches Vertrauen zu dem Blindenführhund entwickeln; der Blindenführhund muss den künftigen Halter als Bezugsperson und »Rudelführer« innerhalb kurzer Zeit akzeptieren. Darüber hinaus muss der künftige Halter die Hörzeichen für den Hund und den Umgang mit ihm nicht nur im allgemeinen Verkehr, sondern auch in seiner Wohnung und in anderen Gebäuden (zum Beispiel Kaufhäuser, öffentliche Institutionen) erlernen.

Die notwendige Dauer des Einarbeitungslehrgangs hängt nicht zuletzt von der Phase der Eingewöhnung zwischen Hund und Halter und der Auffassungsgabe des künftigen Halters ab; er dauert im Regelfall nicht unter 14 Tage und nicht über 28 Tage. Bestandteil des Einarbeitungslehrgangs müssen auch Informationen über die artgerechte Tierhaltung und Ernährung des Blindenführhundes sowie gegebenenfalls eine Einweisung am Wohnort des Versicherten sein. Den Abschluss des Einarbeitungslehrgangs bildet eine Prüfung, die am Sitz des Leistungserbringers, in begründeten Fällen auch ganz oder teilweise am Wohnort des Versicherten stattfindet. Während der Prüfung müssen folgende Nachweise von Hund und Halter gemeinsam erbracht werden:

- Führung im Straßenverkehr,
- Beobachtung der Verkehrssituation durch Hund und Halter, sowie adäquates Geben von Warnhinweisen durch den Hund,
- Warnung vor oder Umgehung von Hindernissen, die zwar für den Hund ungefährlich, für den Halter aber verletzungsgefährdend sind,
- adäquate Reaktion des Halters auf Warnhinweise des Führhundes.

Die erfolgreiche Ablegung der Prüfung ist von einer sachverständigen, unabhängigen Prüfkommission zu bescheinigen, die aus folgenden Personen bestehen sollte:

1. Erfahrener Hundetrainer/-ausbilder und/oder Orientierungs- und Mobilitätstrainer,
2. Vertreter der Blindenselbsthilfeorganisationen auf Bundes- oder Landesebene,
3. Vertreter der Krankenkassen.

Die Mitglieder der Prüfkommission werden von den Landesverbänden der Krankenkassen einvernehmlich bestimmt. Kommt eine Einigung bei der Besetzung der Mitglieder der Prüfkommission nicht zustande, berufen die Spitzenverbände der Krankenkassen die entsprechenden Mitglieder nach Abstimmung mit dem Deutschen Blindenverband e.V. Auf Wunsch des Versicherten ist einer von ihm benannten Vertrauensperson ebenso wie dem Ausbilder des Blindenführhundes Gelegenheit zu geben, die Prüfung zu beobachten. Bei der Besetzung der Prüfkommission und der Durchführung der einzelnen Prüfungen ist sicherzustellen, dass weder die beteiligte Ausbildungsstätte noch mit dieser konkurrierende andere Leistungserbringer auf das Prüfungsergebnis Einfluss nehmen können. Entsprechendes gilt für Blindenselbsthilfeverbände, die gleichzeitig - ganz oder teilweise - Träger einer Blindenführhundschule sind.

5. Voraussetzung der Kostenübernahme durch den Kostenträger und Übereignung des Blindenführhundes

Erst nach Vorlage einer Bescheinigung über die erfolgreich abgelegte Gespannprüfung übernimmt der Kostenträger die vom Blindenführhundausbilder bzw. der Blindenführhundschule in Rechnung gestellten Kosten nach Maßgabe der vertraglichen Regelungen (§ 127 SGB V). Der Blindenführhund ist dem Versicherten von der Ausbildungsstätte in »führbereitem« Zustand zu übergeben (inklusive Führgeschirr, Halsband und Leine). Der Blindenführhund wird von dem Versicherten von der Krankenkasse mit der Maßgabe übereignet, ihn artgerecht zu behandeln und zu pflegen. Damit ist gleichzeitig eine Übernahme der sich aus der Haltung des Blindenführhundes ergebenden Rechte und Pflichten durch den Versicherten verbunden (zum Beispiel Tierhalterhaftung). Eine zweckentfremdende Verwendung oder nicht artgerechte Haltung des Blindenführhundes durch den Versicherten oder mit seinem Einverständnis schließt für die Zukunft einen Anspruch auf Ersatzbeschaffung zu Lasten der Krankenkassen aus.

6. Nebenkosten der Blindenführhundversorgung

Der Kostenträger übernimmt im Rahmen des § 33 SGB V die dem Versicherten durch die Haltung des Blindenführhundes entstehenden Kosten. Regelmäßig entstehende Kosten (unter anderem Futterkosten, Impfkosten) werden von der Krankenkasse durch Zahlung eines monatlichen Pauschbetrages in Höhe des nach § 14 BVG jeweils gültigen Betrages abgegolten. In unregelmäßigen Abständen entstehende Kosten (unter anderem der tierärztlichen ambulanten oder stationären Behandlung) und die gegebenenfalls notwendige Erneuerung von Führgeschirr, Halsband und Leine übernimmt der Kostenträger im notwendigen Umfang.

II. Hörzeichen, die ein Blindenführhund kennen sollte

- Sitz
- Platz
- Steh
- Hier
- Sitz - Bleib
- Platz - Bleib
- Steh - Bleib
- Fuß

- Hopp (Auto einsteigen)
- Bleib (Auto aussteigen)

- Pfui (Schnüffeln / Fressen)
- Aus (Gegenstand abgeben)
- Mach schön (versäubern)
- Ab (zum Beispiel ins Körbchen gehen)
- Nein (Korrektur)
- Lauf (Freizeit)
- So ist's brav / So ist's fein (Lob)
- Voran
- Links voran
- Rechts voran
- Links › Richtungswechsel auf der Stelle
- Rechts › Richtungswechsel auf der Stelle
- Kehrt
- Passieren (Straße überqueren) Such Bord
- Führ vorbei / Such Weg (Hindernis umgehen und selbstständig den nächst möglichen Bordstein aufsuchen)
- Rand rechts
- Folgen

- Such Bank
- Such Tür
- Such Ampel
- Such Bord
- Langsam
- Nach Hause (zurück)
- Such Treppe
- Such Zebra
- Such Brief
- Such Automat
- Schnell

III. Beispiele für Fragebögen und andere Vorlagen

Beispiel eines Kostenvoranschlages

Kostenvoranschlag

Kostenvoranschlag für einen ausgebildeten Blindenführhund für den Versicherten:

____

Beratung, Information, Betreuung	
Beratungsgespräch (Erstberatung)	kostenfrei
Besuch Vorort beim Interessenten incl. Fahrtkostenpauschale	______
Verwaltung, Infomaterial, Auslagen wie Porto, Telefon, etc. pauschal	______

Blindenführhund	
Auswahl/Ankauf, bzw. Zucht/Aufzucht eines zur Ausbildung geeigneten Hundes	______

Futterkosten und Pflegepauschale	
Fütterung u. Pflege	______
Futterkosten	______

Tierärztliche Untersuchungen in einer Tierklinik	
Vorsorgeuntersuchung vor Ausbildung	______
Röntgen HD + ED	______
Augenuntersuchung	______
Kastration	______
Abschlussuntersuchung vor Übergabe mit Gesundheitszeugnis, Blutbild, Urin	______
Aufwandspauschale für Entwurmung / Impfung, Chip, etc.	______

Ausbildung zum Blindenführhund	
Blindenführhundausbildung	______

Einarbeitungslehrgang	
Einarbeitung	______
Fahrtkosten für Transfer und Übernachtungskosten	______

Nachbetreuung	
Nachbetreuung	______
Fahrtkosten für Transfer und Übernachtungskosten	______

Zubehör Blindenführhundausrüstung	
Führbügel, Kenndecke, Leinen, Halsband, Glocke, Pflege, Futter, Ausweis, etc.	______

Gesamtversorgung Blindenführhund	______

Fragebogen für ein Erstgespräch mit einem Blindenführhundanwärter (4 Seiten), (von der Blindenführhundschule beim Gespräch auszufüllen).

BLICKPUNKT
HESSISCHE
BLINDENFÜHRHUND
SCHULE

Fragebogen für Blindenführhundanwärter

Name ____________ Vorname ____________ Geburtsdatum ________

Straße ______________________________

PLZ / Wohnort ______________________________

Telefon ____________ Fax ____________

Mobil ____________ Mail ____________

Geburtsblind ☐ Späterblindet ☐ Sehbehindert seit ____________

Restsehvermögen ☐ nein

☐ ja ☐ Umrisse ☐ hell / dunkel ☐ Farben

Krankheit ______________________________

Größe ________ Gewicht ________ Konstitution ____________

Familienstand ________ Kinder / Anzahl ________ Alter ________

Alleinlebend ☐ ja ☐ nein ____________

Sonstige Krankheiten / Allergien ☐ nein ☐ ja ____________

Drogen / Alkohol / Medikamente ☐ nein ☐ ja ____________

Besondere Aktivitäten / Reisen ☐ nein ☐ ja ____________

Beruf ☐ nein ☐ ja ____________

Mobilitätstraining absolviert ☐ nein ☐ ja wann ____________

1 / 4

BLICKPUNKT HESSISCHE BLINDENFÜHRHUND SCHULE

Krankenkasse ____

Orientierungsvermögen in gewohnter Umgebung __ sicher __unsicher __ängstlich

Orientierungsvermögen in fremder Umgebung __ sicher __unsicher __ängstlich

Gangart ___ langsam ___ mittel ___ schnell

Hundeerfahrung ☐ ja ☐ nein ________________________

Erstführhundhalter ☐ ja ☐ nein ________________________

Bereits Kontakt zu anderen Führhundschulen ? ☐ ja ☐ nein ________

Wohnverhältnisse ☐ Haus ☐ Wohnung ☐ Garten

Umgebung ☐ ländlich ☐ Kleinstadt ☐ Großstadt

Unterbringung des Hundes ________________________________

Familie mit Hund einverstanden ☐ ja ☐ nein

Arbeitsplatz mit Hund einverstanden ☐ ja ☐ nein

Warum gerade jetzt BFH ? ________________________________

Warum BFH gerade bei uns? ______________________________

Erwartungen an BFHS __________________________________

2 / 4

BLICKPUNKT HESSISCHE BLINDENFÜHRHUND SCHULE

Auswahl Hunderasse

□ Retriever □ Schäferhund □ Ausi □ Königspudel □ Riesenschnauzer

□ Hovawart □ Airedale Terrier

□ Rüde □ Hündin □ Farbe egal □ Farbwunsch ____________

Terminvorstellung zur Übernahme des Hundes

□ möglichst schnell □ egal □ Termin zum ____________________

Haustiere □ nein □ ja ____________________________________

Besondere Wünsche ____________________________________

Sonstiges ____

Arzt-Bescheinigung / Rezept vorhanden ___ ja ___ nein ___ beantragt

Kontakt zur Krankenkasse ______________________________

Kontaktaufnahme bei uns durch __________________________

Erster Kontakt am ____________ □ Telefon □ Mail

Bei Beratungsgespräch anwesend _________________________

Datum __________ Ort ________________ Gesprächszeit _________

3 / 4

BLICKPUNKT HESSISCHE BLINDENFÜHRHUND SCHULE

Zur Person:

Charakteranlagen __ selbstbewusst __ ausgeglichen __ freundlich __ labil

__ aggressiv __ verzagt __ nervös

Einstellung zur Sehbehinderung ___ positiv ___ negativ

Einstellung zum Hund ______________________________

Kontakt zu Hunden ______________________________

Physische Situation ______________________________

Kontakte zu ______________________________

Aufgewachsen / Umfeld ______________________________

Lebensweise / Situation ______________________________

Ausbildung / Beruf ______________________________

Abbrüche ? ______________________________

Welche Ängste / Depressionen ? ______________________________

____

Besonderes:

____

____

____

____

Weiteres Vorgehen vereinbart:

____

____

____

____

4 / 4

Fragebogen Qualitätsauswertung nach Beendigung der Einarbeitung (5 Seiten)

BLICKPUNKT HESSISCHE BLINDENFÜHRHUND SCHULE

Fragebogen

Führhundhalter: ________________ Führhund: __________________

Fragen zur Blindenführhundschule:

Wie fanden Sie den Kontakt (Kommunikation) zur Blindenführhundschule während der gesamten Zeit?

☐ zu viel ☐ genau richtig ☐ zu wenig

Waren Sie mit den Leistungen, dem Service, der Freundlichkeit, der Zuverlässigkeit, etc. , der Blindenführhundschule während der gesamten Zeit zufrieden?

☐ sehr zufrieden ☐ zufrieden ☐ normal ☐ weniger zufrieden ☐ nicht zufrieden

Bemerkungen ____

Wie fanden Sie das persönliche Beratungsgespräch ?

☐ zu lang ☐ genau richtig ☐ zu kurz

☐ Fragen sind offen geblieben ☐ Infos waren genau richtig ☐ Infos waren zu viel

Würden Sie unsere Blindenführhundschule weiterempfehlen?

☐ ja ☐ vielleicht ☐ nein

Würden Sie nach heutigem Stand wieder einen Blindenführhund bei uns bestellen?

☐ ja ☐ vielleicht ☐ nein

1 / 5

BLICKPUNKT HESSISCHE BLINDENFÜHRHUND SCHULE

Fragen zum Blindenführhund:

Sind Sie bisher mit Ihrem Blindenführhund zufrieden?

☐ sehr zufrieden ☐ zufrieden ☐ normal ☐ weniger zufrieden ☐ nicht zufrieden

Haben Sie sich nach heutigem Kenntnisstand für die richtige Hunderasse entschieden?

☐ ja ☐ nein wenn nein, warum ______________________________

Haben Sie sich nach heutigem Kenntnisstand für das richtige Geschlecht entschieden?

☐ ja ☐ nein wenn nein, warum ______________________________

Hätten Sie gerne mehr Hunde vorgestellt bekommen?

☐ ja ☐ nein

Unterschieden sich Ihre Erwartungen vor und nach der Abgabe des Blindenführhundes ?

☐ sehr unterschiedlich ☐ unterschiedlich ☐ kein Unterschied

Wie empfanden Sie die Wartezeit, zwischen der Kostengenehmigung und der Übergabe des Blindenführhundes ?

☐ viel zu lang ☐ zu lang ☐ genau richtig ☐ kürzer als erwartet

Wie sind Sie bisher mit der Führleistung des Blindenführhundes zufrieden?

☐ sehr zufrieden ☐ zufrieden ☐ normal ☐ weniger zufrieden ☐ nicht zufrieden

Wie schätzen Sie bisher die Charakteranlagen des Blindenführhundes ein?

☐ temperamentvoll ☐ genau richtig ☐ ruhig

☐ zu viel Zug im Geschirr ☐ genau richtig ☐ zu leichten Zug im Geschirr

Wie sind Sie bisher mit der Gesundheit des Blindenfürhundes zufrieden?

☐ sehr zufrieden ☐ zufrieden ☐ normal ☐ weniger zufrieden ☐ nicht zufrieden

2 / 5

BLICKPUNKT HESSISCHE BLINDENFÜHRHUND SCHULE

Fragen zur Einarbeitung:

Einarbeitung von ____________ bis ____________ Trainer ____________

Unterkunft ____

Unterkunft / Verpflegung

Waren Sie mit der Unterkunft zufrieden?

☐ sehr zufrieden ☐ zufrieden ☐ normal ☐ weniger zufrieden ☐ nicht zufrieden

Waren Sie mit der Verpflegung zufrieden?

☐ sehr zufrieden ☐ zufrieden ☐ normal ☐ weniger zufrieden ☐ nicht zufrieden

Waren Sie mit dem Service zufrieden?

☐ sehr zufrieden ☐ zufrieden ☐ normal ☐ weniger zufrieden ☐ nicht zufrieden

Waren die Rahmenbedingungen (Gassi gehen, Orientierung, usw) zufriedenstellend?

☐ sehr zufrieden ☐ zufrieden ☐ normal ☐ weniger zufrieden ☐ nicht zufrieden

Einarbeitung

Waren Sie mit der Einarbeitung zufrieden?

☐ sehr zufrieden ☐ zufrieden ☐ normal ☐ weniger zufrieden ☐ nicht zufrieden

Waren Sie mit dem Service der Blindenführhundschule zufrieden?

☐ sehr zufrieden ☐ zufrieden ☐ normal ☐ weniger zufrieden ☐ nicht zufrieden

Waren Sie mit dem theoretischen Lehrninhalt zufrieden?

☐ sehr zufrieden ☐ zufrieden ☐ normal ☐ weniger zufrieden ☐ nicht zufrieden

3 / 5

BLICKPUNKT HESSISCHE BLINDENFÜHRHUND SCHULE

Wie beurteilen Sie den theoretische Lerninhalt vom Inhalt und Umfang?

☐ zuviel ☐ genau richtig ☐ zu wenig

Waren Sie mit dem praktischen Lerninhalt zufrieden?

☐ sehr zufrieden ☐ zufrieden ☐ normal ☐ weniger zufrieden ☐ nicht zufrieden

Wie beurteilen Sie die Einarbeitung von der Lehrgangsdauer?

☐ zu kurz ☐ genau richtig ☐ zu lange

Trainer

Waren Sie mit dem Trainer zufrieden?

☐ sehr zufrieden ☐ zufrieden ☐ normal ☐ weniger zufrieden ☐ nicht zufrieden

Konnten Sie die Anweisungen vom Trainer verstehen und umsetzen?

☐ sehr zufrieden ☐ zufrieden ☐ normal ☐ weniger zufrieden ☐ nicht zufrieden

Hat der Trainer Ihren Erwartungen entsprochen?

☐ ja ☐ nein

Wie kompetent schätzen Sie den Trainer ein?

☐ sehr kompetent ☐ kompetent ☐ weniger kompetent ☐ nicht kompetent

Fragen zur Nachbetreuung:

Waren Sie mit der Nachbetreuung zufrieden?

☐ sehr zufrieden ☐ zufrieden ☐ normal ☐ weniger zufrieden ☐ nicht zufrieden

4 / 5

BLICKPUNKT HESSISCHE BLINDENFÜHRHUND SCHULE

Waren Sie mit der Durchführung vom praktischen Inhalt zufrieden?

☐ sehr zufrieden ☐ zufrieden ☐ normal ☐ weniger zufrieden ☐ nicht zufrieden

Wie empfanden Sie die Dauer der Nachbetreuung?

☐ zu kurz ☐ genau richtig ☐ zu lange

Wie empfanden Sie zeitlich die Durchführung der Nachbetreuung seit der Einarbeitung?

☐ zu früh ☐ genau richtig ☐ zu spät

Würden Sie sich mehr Nachbetreuungstage wünschen?

☐ ja ☐ nein

Allgemeines:

Welche Anregungen geben Sie uns mit auf den Weg?

Was würden Sie verbessern?

Positives:

Negatives:

Ort / Datum ____________ Unterschrift ____________

Wir danken Ihnen sehr für die Beantwortung der Fragen !

5 / 5

Prozessmodel Blindenführhundversorgung

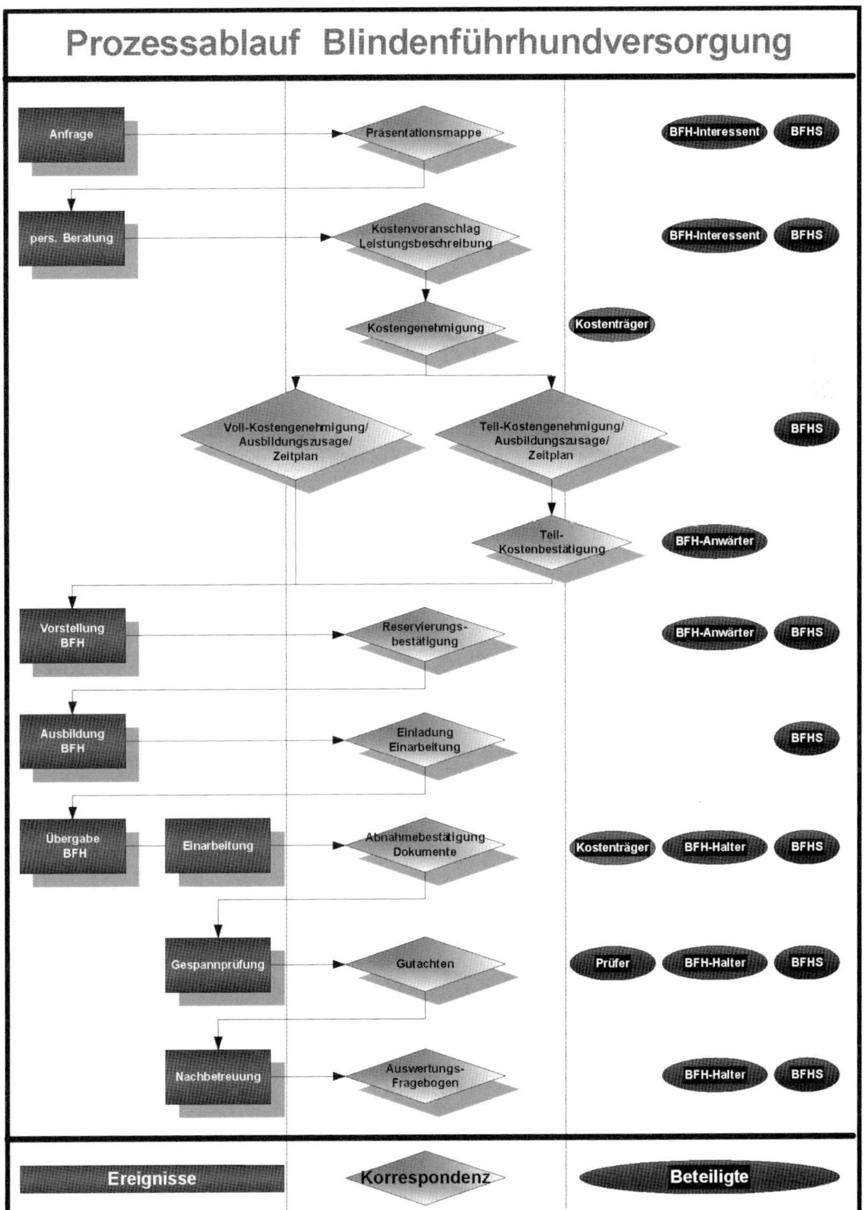

IV. Beispiele für Beiträge aus unserem hundeschuleigenen Hörmagazin

Anspruchsdenken

Leider begegnet uns immer öfter ein bestimmtes Anspruchsdenken der Blindenführhundhalter (meist von denjenigen, die vorher noch nie einen Hund hatten). Dieses Anspruchsdenken äußert sich darin, dass der Blindenführhund immer funktionieren muss und was noch schlimmer ist, allen anderen Bedürfnissen hinten ansteht.

Würden diese Blindenführhundinteressenten wenigstens im ersten Gespräch dies ehrlich zugeben, dann bliebe uns und dem Blindenführhund einiges erspart.

Ein Hund ist ein Lebewesen, an das man nicht **nur** Forderungen stellen kann, sondern dem man auch etwas zurückgeben muss, nämlich Ehrlichkeit, Offenheit und Herzlichkeit. Denn der Hund hat im Gegensatz zum Menschen nicht verlernt, auf alle Schwingungen und Stimmungen von uns einzugehen. Außerdem merkt der Hund sehr wohl, ob er nur Mittel zum Zweck ist (um von A nach B zu kommen) oder als ein tierischer Freund und Begleiter angesehen wird. Sollte sein menschlicher Partner ein Tierfreund sein, wird dieser auch bereit sein, sich das Vertrauen und die Bindung zu seinem Hund zu erarbeiten.

Dass diese Arbeit nicht mit einer drei- oder vierwöchigen Einarbeitung getan ist, sondern dann erst beginnt, ist vielen Blindenführhundinteressenten nicht bewusst. Auch wir als Trainer müssen täglich mit unseren Hunden arbeiten, um als Team alle Anforderungen zu meistern. Erst wenn wir das eingesehen haben, können wir uns auf eine lange und bereichernde Kameradschaft mit unserem Hund freuen.

(Beitrag von Tanja Kohl, Hörmagazin Nr. 6)

Geistige, körperliche und soziale Aktivität

Seien wir ehrlich: Wir halten uns Hunde zu unserem, nicht zu deren Nutzen! Wir erwarten von ihnen, dass sie sich unserem Lebensstil anpassen – keineswegs umgekehrt! Und sie müssen in einer Umgebung leben, die uns gefällt – ihnen nicht immer!

Und dann ärgern wir uns darüber, wenn unser Hund sein natürliches Verhältnis zu anderen Hunden verliert, wenn er faul wird, wenn er seine natürlichen Instinkte verliert, stundenlang nach der Gesellschaft anderer Hunde bellt, jault oder uns voll überschäumender Freude im unpassenden Moment anspringt.

Hunde haben kein Problem damit – wir haben es. Wir sorgen dafür, dass wir unsere mentalen, physischen und sozialen Aktivitäten ausleben können – tun Sie dasselbe für Ihren Hund, aber hündisch!

Hier sind einige Vorschläge:

Geistige Aktivität
Halten Sie Ihren Hund in Schwung.
Hierzu bietet sich zum Beispiel das Versteckspielen hervorragend an. Verstecken Sie ein Leckerchen oder Spielzeug und lassen Sie den Hund dieses suchen beziehungsweise wiederbringen. Übungen auf dem Trainingsplatz wie auch einfache Gehorsamsübungen sind für den Hund genauso geistige Aktivitäten.

Der Blindenführhund hat bei seiner Führleistung ein hohes Maß an geistiger Anstrengung. Daher ist es auch besonders wichtig, nach getaner Arbeit den Hund entspannen zu lassen.

Körperliche Aktivität
Wenn Sie mit Ihrem Hund spielen, fördert dies auch die Beziehung zwischen Mensch und Hund. Versuchen Sie es doch einmal mit einem so genannten »Kong«. Ein Kong ist ein Spielzeug, das nicht zerkaut werden kann und das in verschiedenen Größen (je nach Hunderasse) erhältlich ist. Der Kong sieht ein bisschen wie ein Schneemann aus – drei Bälle ineinander, aber kein Gesicht. Innen ist der Kong hohl. Nimmt der Hund das Spielzeug nicht gleich an, können Sie in den Kong eine Leckerei verstecken. Das hilft bestimmt! Probieren Sie es aus.

Auch kann man mit dem Hund joggen gehen oder ihn schwimmen lassen. Retriever zum Beispiel lieben das Wasser und schwimmen für ihr Leben gern.

Doch lassen Sie Ihren Hund nicht alleine im Garten oder Hof. Dabei bewegt er sich nicht genügend. Viel lieber hat der Hund es, wenn er gemeinsam mit Ihnen toben kann.

Beachten Sie bitte auch, dass der Hund nicht wie wir Menschen schwitzen kann. Das heißt, vermeiden Sie bitte zu starke Anstrengung des Hundes bei Hitze und geben Sie dem Hund ausreichend Wasser zu trinken.

Dem Blindenführhund wird bei seiner Führarbeit auch eine Menge an körperlicher Anstrengung abverlangt.

Soziale Aktivität
Neben der geistigen und körperlichen Aktivität ist die soziale Aktivität auch sehr wichtig. Um bei dem Beispiel der Führarbeit zu bleiben, bedeutet dies für den Hund die Freizeit. Hunde schnüffeln gern. Man nennt es auch Zeitung lesen. Geben Sie Ihrem Hund daher genügend Möglichkeit, beim Spazierengehen zu schnüffeln.

Auch ist mit dem sozialen Kontakt der Kontakt zu Menschen gemeint, vorrangig zu seinem Besitzer. Der Hund will beachtet und gestreichelt werden und mit Ihnen spielen. Die Pflege, zum Beispiel das tägliche Bürsten, ist ein sozialer Kontakt, der die Bindung zwischen Mensch und Hund fördert.

Natürlich nicht zu vergessen ist der Kontakt zu Artgenossen. Der Hund soll kontrolliert mit anderen Hunden spielen und toben dürfen. Solche Kontakte zwischen Hund und Hund kann ein Mensch nicht ersetzen!

Bitte denken Sie daran: Ein Blindenführhund führt nur so gut, wie er auch Freizeit hat. Bildlich kann man auch von einer Waage sprechen, die im Gleichgewicht gehalten werden soll. Sind alle drei Aktivitäten ausgewogen, so haben wir einen ausgeglichenen und zufriedenen Lebensbegleiter, der uns als Mensch viel Freude bereitet.

(Beitrag von Andreas Kohl, Hörmagazin Nr. 5)

Die Bitten eines Hundes

Mein Leben dauert zehn oder zwölf Jahre. Jede Trennung von dir wird für mich Leiden bedeuten. Bedenke es, eh du mich anschaffst. Gib mir Zeit zu verstehen, was du von mir verlangst! Pflanze Vertrauen in mich – ich lebe davon! Zürne mir nie lange und sperr mich zur Strafe nicht ein! Du hast deine Arbeit, dein Vergnügen, deine Freunde – ich habe nur dich! Sprich manchmal mit mir! Wenn ich auch deine Worte nicht ganz verstehe, so doch die Stimme, die sich an mich wendet. Wisse: wie immer an mir gehandelt wird: Ich vergesse es nie! Bedenke eh du mich schlägst, dass meine Kiefer mit Leichtigkeit die Knochen deiner Hand zerquetschen vermögen – dass ich aber keinen Gebrauch von ihnen mache. Ehe du mich bei der Arbeit unwillig, bockig oder faul schimpfst, bedenke, vielleicht plagt mich ungeeignetes Futter, vielleicht war ich zu lange der Sonne ausgesetzt oder habe ein verbrauchtes Herz. Kümmere dich um mich, wenn ich alt werde – auch du wirst einmal alt sein! Gehe jeden schweren Gang mit mir! Sag nie, ich kann so etwas nicht sehen, oder es soll in meiner Abwesenheit geschehen. Alles ist leichter für mich mit dir. Dann will ich dein treuster Begleiter sein.

Bezugsquelle für Führgeschirre, Kenndecken und weiteres Zubehör:

Bellstedt Lederwarenfabrikation
Hundesport
Mannheimer Straße 26
68723 Schwetzingen
www.bellstedt.net

Danksagung

Worauf es ankommt ... Im Leben kommt es nicht darauf an, wie viel man verdient, entscheidend ist, dass man seinen Neigungen nachgehen kann und verwirklichen kann, was einen interessiert!

Wir haben uns dieser Einstellung verschrieben und das angefangen, wovon wir geträumt haben. Trotz aller Mahnungen und Widerstände, denen wir begegnet sind, sind wir auf unserem Weg geblieben. Der einstige Traum sieht in der Realität heute natürlich anders aus, doch es ist bei weitem besser, als wir es uns vorgestellt haben. Manchmal sollte man all seinen Mut zusammennehmen und das tun, was das Herz rät. Einfach die ganzen »guten Ratschläge« anderer Menschen überhören, die neiden, alles besser wissen oder sich einfach nur selbst nicht trauen, was zu tun.

Wir danken Kerstin und Heiko Münzner, Karl-Matthias Schäfer, Simone Kolpi, Kurti, Herbert Wettern, Lena Westermann, Familie Spindler, Familie Kohl, unseren wenigen, aber guten Patenfamilien und allen, die an uns geglaubt haben, als wir unseren Traum wahr gemacht und eine Blindenführhundschule gegründet haben. Möge das Buch durch unsere Schilderungen, Erfahrungen und Probleme dazu beitragen, die Situation des Blindenführhundwesens für alle Beteiligten zu verbessern.

BLICKPUNKT HESSISCHE BLINDENFÜHRHUND SCHULE

Hessische Blindenführhundschule Blickpunkt
Homepage: http://www.mein-blindenfuehrhund.de
Mail: info@mein-blindenfuehrhund.de

Tanja Kohl

Schlusswort

Als langjährig Aktiver in der Blindenselbsthilfe werde ich oft von Menschen angesprochen, die gerne Führhunde ausbilden möchten und darin ihren Traumberuf sehen. Mit Hunden zu arbeiten und dabei noch etwas Gutes zu tun, ist die einfache Motivation, die hinter diesen Anfragen steckt. Kaum jemandem ist aber klar, was dieser verantwortungsvolle Beruf mit sich bringt. Hinter jedem blinden Menschen steckt ein Lebensschicksal, das bewältigt werden muss und diese Problematik muss bei der Führhundversorgung mit einbezogen werden. Zudem machen in Zeiten knapper Kassen die Kostenträger immer mehr Schwierigkeiten. Sie versuchen immer wieder, von hochgradigen Sehbehinderungen betroffenen Menschen dieses wichtige Hilfsmittel zu verweigern.

Tanja Kohl hat alle Höhen und Tiefen der Führhundeausbildung erlebt. Sie leistet mit diesem Buch einen wichtigen Beitrag zur Qualitätssicherung im Führhundewesen und gibt Interessenten eine Entscheidungshilfe an die Hand. Jeder, der ernsthaft daran interessiert ist, Führhunde auszubilden, sollte sich nach der Lektüre dieses Buches ernsthaft fragen, ob er den Anforderungen und Strapazen dieses Berufes tatsächlich gewachsen ist.

Für uns als blinde und hochgradig sehbehinderte Menschen ist der Führhund eines der wichtigsten Hilfsmittel überhaupt. Ein schlecht ausgebildeter Hund bedeutet unter Umständen Lebensgefahr. Ein gut ausgebildeter Hund bedeutet Freiheit und Integration. In diesem Sinne hoffe ich, dass sich trotz der in diesem Buch beschriebenen Hürden immer wieder Menschen finden werden, die im Beruf des Führhundeausbilders ihre Lebensaufgabe sehen und damit einen wertvollen Beitrag zur Integration blinder und hochgradig sehbehinderter Menschen in die Gesellschaft leisten.

Karl Matthias Schäfer
Leiter der Fachgruppe
Führhundhalter im BSBH
(Blinden und
Sehbehindertenbund in
Hessen e.V.)
http://www.kmschaefer.de